Ist Gott tot?

Wie der skeptische Mensch bei der Frage nach Gott zu einer Antwort finden kann

3. überarbeitete Auflage 2011

Inhaber: Markus Finkel
Landwehrstraße 34, 80336 München

Umschlag und Layout: Christian Schumacher
Umschlag-Illustration: Michelangelo, Jörk Betzer

Druck und Bindung: GGP Media GmbH, Pößneck

ISBN: 978-3-9811740-3-8

Inhalt

Ist Gott tot?

„Gott ist tot“, sagte Nietzsche damals. Und er hat recht. Zumindest in der Hinsicht, dass Gott keine Bedeutung für den Großteil der Menschen in Deutschland hat. Die meisten denken: „Gott? Ich weiß nicht, ob ich es Gott nennen würde, aber ich glaube schon, dass es da irgendetwas Höheres gibt.“ Allerdings würde das Leben dieser Menschen wohl genauso aussehen, wenn sie nicht an dieses Höhere glauben würden. In dieser Hinsicht ist Gott tatsächlich tot. Ohne Auswirkung auf ihr Leben.

Bleibt uns mittlerweile nichts weiter als ein beliebiger Gott, bei dem es letztlich egal ist, ob er existiert oder nicht? Gibt es keine Möglichkeit, konkreteres Wissen über Gott zu bekommen? Dieses Buch will einen Beitrag leisten, sich der Frage nach Gott verstandesmäßig nachvollziehbar zu nähern. Ich schreibe es im Glauben an Jesus Christus und die Bibel.

Bibelgläubige Christen werden oft als rückständig wahrgenommen. Der Eindruck ist weit verbreitet, dass sich der Christ in einem Rückzugskampf gegen die übermächtige Wissenschaft befindet, welche ihm mehr und mehr den Boden unter den Füßen wegzieht.

Wie kam es zu diesem Eindruck? Ich denke es ist ähnlich wie mit vielen anderen Meinungen, die sich gesellschaftsweit durchsetzen: Bei näherer Betrachtung zeigt sich, dass sie meist nicht das Ergebnis eines geistigen Fortentwicklungsprozesses sind, sondern oft nur von bloßer Rhetorik verbreitet werden. Die Meinungsmacher übertrumpfen sich dabei in geschickten Formulierungen. Personengruppen und Ansichten können mit abschätzigen Bezeichnungen wie *fundamentalistisch, intolerant* oder *radikal* als intellektuell nicht weiter ernstzunehmend gebrandmarkt werden. Solcherlei Worte können – geschickt eingesetzt – so stark sein, dass der Zuhörer sie nicht weiter hinterfragt, weil er den Eindruck bekommt, der Fall sei längst klar. Dabei kann *radikal* dasselbe wie *konsequent* bedeuten. Nur dass das eine Wort negativ, und das andere positiv klingt. Einige Menschen gehen sogar so weit, sich als *Skeptiker* oder *Aufgeklärte* zu bezeichnen. Damit suggeriert allein schon ihr Name verstandesmäßige Überlegenheit. Als ob skeptisches Denken dasjenige Merkmal wäre, welches sie von anderen unterscheidet. So bescheinigt schon ihre Namensgebung den anderen intellektuelle Zurückgebliebenheit. Menschen, welche die Existenz Gottes für wahr halten, werden mitunter belächelnd als *Gläubige* bezeichnet, was nach Hilflosigkeit klingt. Dabei hat der Atheist die Nicht-Existenz Gottes genausowenig bewiesen, was auch ihn zu einem Gläubigen macht. Nur dass sein Glaubenssatz heißt: Gott existiert nicht.

Die Schlacht mit Wörtern führt zu großer Verwirrung und oft auch zu einer gewissen Resignation bezüglich der großen Fragen des Lebens: Wer bin ich? Wo komme ich her? Wo gehe ich hin? Gibt es Gott?

Dieses Buch beleuchtet solche Fragen und bemüht sich, zu zeigen, welche Realitäten hinter den Wörtern liegen. Es ist weniger zur Stillung intellektueller Neugier geschrieben worden als für Leute, die sich ernsthaft die existenzielle Frage stellen: *Wie kann ich als denkender Mensch des 21. Jahrhunderts bei der Frage nach Gott zu einer Antwort finden?* Zu dieser übergeordneten Frage hinführend, beschäftigt sich jedes Kapitel mit einer separaten Teilfrage. Kapitel 1 geht der Frage nach, inwieweit Wissenschaft ein geeignetes Hilfsmittel auf der Suche nach Gott ist. In Kapitel 2 geht es um den Atheismus als Alternative zum Glauben an Gott. Kapitel 3 behandelt den Agnostizismus, die weitverbreitete Alternative zu Gottglauben und Atheismus. Kapitel 4 fragt, wie weit man sich mit Hilfe des Verstandes manipulativer Meinungsverbreitung entziehen kann. Kapitel 5 schließlich zeigt die Sicht der Bibel, wie man Gott finden kann.

1. Was kann die Wissenschaft zur Frage nach der Existenz Gottes beitragen?

Die Wissenschaft hat der Menschheit viel Gutes gebracht. Besonders in der Medizin haben wir ihr viel zu verdanken. Während der vergangenen Jahrhunderte wurden Fortschritte gemacht, die sich früher nicht erträumen ließen. Damals haben Seuchen wie Pest, Cholera oder Tuberkulose ganze Landstriche ausradiert. Von Lepra oder Pocken verunstaltete Menschen fristeten ein einsames und geschmähtes Leben am Rande der Gesellschaft. Aus heutiger Sicht kleinere Verletzungen wie Knochenbrüche wurden zur Lebensgefahr. Der Sieg über solche Krankheiten und Verletzungen ist ein großartiger Triumph wissenschaftlicher Anstrengungen.

Nicht nur in der Medizin kann die Wissenschaft große Erfolge vorweisen. Unser hoher Lebensstandard wurde nur möglich mit Hilfe einer Vielzahl wissenschaftlicher Fortschritte. Auch konnten viele Naturphänomene entmystifiziert und auf naturwissenschaftliche Gesetzmäßigkeiten zurückgeführt werden, so dass man hinter einer Mondfinsternis heute keinen schrecklichen Dämon mehr vermuten muss[1].

Trotzdem gibt es Christen, die Wissenschaft nicht gutheißen. Sie haben sich auf die Ansicht eingelassen, dass der christliche Glaube und die Wissenschaft im Konflikt stünden und sehen die Wissenschaft teilweise sogar als Feindbild. Wie Wissenschaft und Glaube in einem fruchtbaren Verhältnis zueinander stehen können, wird in Kapitel 3 erläutert. Zu diesem Zeitpunkt sei erwähnt, dass wissenschaftsfeindliche Christen mit der Bibel im Widerspruch stehen, denn dort wird Wissen und Vernunft gutgeheißen: „Sprich zur Weisheit: Du bist meine Schwester, und nenne den Verstand deinen Freund."[2] und: „Alles, was wahr ist, das erwägt."[3]

Manche Vorstellungen von Gott können die Wissenschaft aber tatsächlich behindern. Wenn hinter einer mysteriösen Naturerscheinung das unbegreifliche Wirken Gottes vermutet wird, kann einen das davon abhalten, die Naturerscheinung näher zu untersuchen. Gott nimmt dabei die Rolle eines Lückenbüßers ein, dessen Herrschaftsgebiet mit jeder neuen Entdeckung etwas kleiner wird. Die Bibel jedoch zeigt Gott nicht als Lückenbüßer, sondern als Verursacher und Erhalter der Naturgesetze, der Materie und der Lebewesen[4].

Pioniere der Wissenschaft reden über den Glauben an Gott

Bei all dem Durcheinander ist jedenfalls nach wie vor die Meinung populär, dass Glaube und Wissenschaft einen Gegensatz bilden. Es ist deshalb hilfreich zu sehen, wie zahlreiche namhafte Wissenschaftler über ihren Glauben sprechen. So sagte Isaac Newton, der den Ausgangspunkt der klassischen Physik markiert: „Wer oberflächlich Physik treibt, der kann an Gott glauben. Wer sie bis zum Ende denkt, der muss an Gott glauben."[5] Max Planck, der Begründer der Quantenphysik, erklärte: „Zwischen Religion und Naturwissenschaft finden wir nirgends einen Widerspruch, wohl aber gerade in den entscheidenden Punkten volle Übereinstimmung. Der wohl unmittelbarste Beweis für die Verträglichkeit von Religion und Naturwissenschaft auch bei gründlich-kritischer Betrachtung ist die historische Tatsache, dass gerade die größten Naturforscher aller Zeiten, Männer wie Kepler, Newton oder Leibniz, von tiefer Religiosität durchdrungen waren."[6] Werner Heisenberg, ebenfalls ein wichtiger Wegbereiter der Quantenphysik, sagte: „Der erste Trunk aus dem Becher der Naturwissenschaft macht atheistisch; aber auf dem Grund des Bechers wartet Gott."[5]

Was ist mit Wissenschaft gemeint?

Was ist mit Wissenschaft überhaupt gemeint? Was umfasst der Begriff? Er umfasst zum einen den Apparat aus Universitäten, Professoren und Veröffentlichungen als organisatorische Grundlage, auf der die maßgebliche Wissenschaft heute existiert. Zum anderen umfasst er das eigentliche Forschen, das heißt Methoden, aus denen die Erkenntnisse gewonnen werden. Zwei dieser Methoden – die historische und die naturwissenschaftliche – decken einen Großteil der wissenschaftlichen Erkenntnisse ab.

Die historische Methode will herausfinden, was in der Vergangenheit passierte und existierte. Dazu werden überlieferte Daten, Dokumente, Objekte und Zeugenaussagen sichergestellt und auf dieser Faktengrundlage möglichst genau frühere Situationen rekonstruiert.

Die naturwissenschaftliche Methode hat dagegen das Ziel, Naturgesetze zu ergründen. Die Vorgehensweise ist vom Prinzip her relativ einfach und kann am Beispiel eines Apfels, der vom Baum auf den Boden fällt, erklärt werden. Am Anfang hat man noch kein Wissen und startet mit einer Beobachtung: Man beobachtet, dass der Apfel vom Ast Richtung Erde fällt. Das könnte auch Zufall sein, denn vielleicht fällt er beim nächsten Mal Richtung Himmel. Dann beobachtet man ein weiteres Mal und stellt fest, dass der Apfel schon wieder Richtung Erde fällt. Das schwächt den Glauben daran, dass Zufall im Spiel ist. Beim dritten Mal wird der Glaube an den Zufall noch geringer und so bildet sich immer mehr die Vermutung heraus, dass der fallende Apfel nicht dem Zufall, sondern einer Gesetzmäßigkeit folgt. In unserem Fall nennt sich diese Gesetzmäßigkeit Gravitation. Wissenschaftlich formuliert bedeutet Gravitation, dass sich zwei Massen (Erde und Apfel) gegenseitig anziehen. Dabei ist festzuhalten, dass es keinen anderen logischen Grund gibt, warum der Apfel beim nächsten mal auch wieder Richtung Erde fallen sollte, als nur den, dass er es bis jetzt immer getan hat. Man kann nicht beweisen, dass er tatsächlich einem unabänderlichen Naturgesetz folgt. Sondern wegen der Beobachtung, dass er bis jetzt immer nach unten gefallen ist, vermutet man einfach, dass er es auch beim nächsten Mal wieder tun wird. Folglich ist auch die Wissenschaft in ihrer grundlegendsten Basis ein Glaube. Der Wissenschaftler glaubt, ob er sich dessen bewusst ist oder nicht, daran, dass die Naturgesetze zu jeder Zeit und an jedem Ort im Universum konstant bleiben. Er hat das nicht bewiesen, und er hat auch keine Möglichkeit, es zu beweisen. Er hat keine Möglichkeit, zu beweisen, sich dieser Glaube an die Konstanz der Naturgesetze bewährt. Er kann es nur glauben. Nun wäre es nicht angemessen, deswegen alle wissenschaftliche Erkenntnis in Frage zu stellen, denn immerhin hat sich dieser Glaube bewährt und wie eingangs erwähnt haben wir ihm viel zu verdanken. Trotzdem ist festzuhalten, dass man letztlich die Aussage „Ich verlasse mich nicht auf Glauben, sondern auf Wissen“ nicht treffen kann.

Wenn man allerdings nicht daran glaubt, dass die Gravitation konstant bleibt, könnte man nicht ohne Angst durch die Welt gehen. Es könnten ja plötzlich die Äpfel vom Obststand nach oben oder zur Seite wegfliegen und einen verletzen. Im Film Matrix ist diese Angst dargestellt, indem fiktiv ein Naturgesetz außer Kraft gesetzt wurde, nämlich als der Hauptfigur Neo anfangs plötzlich der Mund zuwächst. Dabei hat sich die millionenfache Beobachtung, dass Münder nicht zuwachsen, beim millionenundeinsten Mal nicht wiederholt. Das Resultat war Panik und Angst.

Die prinzipielle Reichweite der wissenschaftlichen Methoden

Der praktische Nutzen von Naturwissenschaft ist folglich dieser: Wenn man auf der Glaubensbasis steht, dass die Naturgesetze immer konstant bleiben, dann kann man damit seine Umgebung kontrollieren und beherrschen. Wenn man sich darauf verlässt, dass sich der Apfel immer gleich verhält, kann man die zukünftige Position des Apfels voraussagen. Das heißt, man kann gezielt bestimmte gewünschte Situationen herbeiführen. Man kann zum Beispiel Äpfel gezielt in Obstkörbe fallen lassen oder, was vom Prinzip her das Gleiche ist, nur komplizierter: Man kann Menschen auf dem Mond platzieren.

Ist dieses Prinzip verstanden, dann wird auch deutlich, warum die Existenz Gottes mit dieser wissenschaftlichen Methode nicht bewiesen werden kann. Denn dann könnte man ihn beherrschen. Wenn Gott sich wie ein Naturgesetz immer gleich verhalten würde, dann könnten wir ihn für unsere Zwecke benutzen. Doch was wäre das für ein Gott, der, anstatt über uns zu herrschen, sich von uns beherrschen ließe? Gottes diesbezügliche Unbeweisbarkeit ist also kein undurchdachter Fehler am Gottglauben, sondern hat seinen Grund.

Mit der naturwissenschaftlichen Methode ist es deshalb prinzipiell unmöglich, sich der Frage nach der Existenz Gottes zu nähern. Mit der historischen Methode verhält es sich dagegen anders. Mit ihr ist es möglich, beispielsweise die Situation nach der Kreuzigung von Jesus vor knapp 2000 Jahren zu rekonstruieren und Plausibilitätsüberlegungen anzustellen, ob die Auferstehung nach drei Tagen wirklich stattfand[7]. Die historische Methode bietet allerdings nicht die Möglichkeit, Gott zu beherrschen, weil sie keine Naturgesetze, sondern Ereignisse aus der Vergangenheit untersucht, die nicht wiederholbar sind.

Im Rahmen dieses Buches ist es aber aus Platzgründen leider nicht möglich, näher auf die eigentlichen Ergebnisse der wissenschaftlichen Forschung einzugehen. Eine inhaltliche Auseinandersetzung mit wissenschaftlichen Untersuchungen, die die Frage nach Gott betreffen, findet sich u.a. in folgenden Büchern:

J. McDowell, *Die Tatsache der Auferstehung*, CLV, 187 Seiten, ISBN 3-89397-712-0: Rekonstruktion der Situation nach der Kreuzigung von Jesus an Hand einer historischen Vorgehensweise. Behandelt die Frage, ob die Auferstehung stattgefunden hat.

R. Junker/S. Scherer, *Evolution – Ein kritisches Lehrbuch*, Weyel, 336 Seiten, ISBN 3-921046-10-6: Lehrbuch, das sowohl den Evolutionismus als auch den Kreationismus kritisch untersucht.

J. Lennox, *Hat die Wissenschaft Gott begraben?*, Brockhaus, 144 Seiten, ISBN-10: 3-417-24358-0, ISBN-13: 978-3-417-24358-1: Eine kritische Analyse moderner Denkvoraussetzungen.

Die beiden oben beschriebenen Methoden sind nicht spektakulär und der Wissenschaftler geht täglich mit ihnen um. Wenn allerdings gemeinhin über Wissenschaft gesprochen wird, dann umfasst der Begriff noch einiges mehr. Dann umgibt ihn ein eigenartiger Zauber. Das ist insofern bemerkenswert, als sich die Wissenschaft ja gerade aufmacht, um die Welt vom undurchsichtigen Zauber zu befreien und sie stattdessen versteh- und handhabbar zu machen. Worin besteht dieser Zauber?

Die Wissenschaft ist für viele zur Religion geworden

Der Gesellschaftskritiker und Pionier der künstlichen Intelligenz, Joseph Weizenbaum, weist auf den Zauber hin, wenn er behauptet: „Wissenschaft ist die neue Weltreligion.“[8] Diese Behauptung trifft in mehrerer Hinsicht zu.

Als Erstes fällt auf, dass nicht nur der Religiöse, sondern auch der Wissenschaftler, wie im vorletzten Abschnitt gezeigt, am Anfang seiner Überlegungen eine Glaubensannahme trifft.

Weitreichendere Bedeutung hat aber wohl, dass Wissenschaft Hoffnung schafft. Das Hoffnungsvakuum, welches das Zurückgehen des Gottglaubens hinterlassen hat, wird an vielen Stellen von der Wissenschaft gefüllt. Neben dem natürlichen Wissensdurst des Menschen ist Hoffnung ein Hauptanreiz, Wissenschaft überhaupt zu betreiben. Das wird beim Betrachten der wissenschaftlichen Themen, die in den Medien präsent sind, deutlich. Die Wissenschaft tritt als hoffnungsvoller Retter vor der drohenden Klimakatastrophe auf. Von soziologischer Forschung erhofft man sich eine gerechtere Gesellschaft. Am deutlichsten sieht man den Hoffnungsaspekt der Wissenschaft am Beispiel der Medizin. Man erhofft sich wirksamere Medikamente gegen Depressionen, um so das Leben besser genießen zu können. Man hofft auf effektivere Haarwuchs- und Potenzmittel, um dem körperlichen Verfall entgegen wirken zu können. Die Hoffnungen zielen darauf ab, das Leben zu verschönern und zu verlängern. Der mächtige Bezugspunkt dabei ist der Tod. Es gilt, ihn immer mehr zurückzudrängen und seinen Einflussbereich einzudämmen. Der drohende Tod beschleunigt die Forschung. Vor ihm gilt es zu flüchten.

Im Kampf gegen den Tod setzen viele ihre Hoffnung auf die Wissenschaft. Ohne ihre Rettungsverheißungen würde sie viel von ihrer Beachtung verlieren. Der Mensch kann sich zwar vom Glauben an Gott lossagen, doch die Frage nach dem Tod will auch danach noch beantwortet werden. Von der Wissenschaft erhofft man sich diesbezügliche Antworten.

Zudem wird der Begriff *Wissenschaft* oft als Schlagwort verwendet, weil er nach intellektueller Überlegenheit und damit nach Macht klingt. Begriffe wie *High-Tech* oder *modernste wissenschaftliche Methoden* sind derart mit Vertrauenswürdigkeit beladen, dass die Menschen fast religiös an ihre Objektivität glauben. Bei dieser Vertrauenswürdigkeit kann auch kommerzielle Werbung ansetzen und verhilft so klinisch getesteter Zahnpasta und ernährungswissenschaftlich empfohlenen Mahlzeiten zu höheren Verkaufszahlen. Wissenschaft umgibt der Ruf einer unfehlbaren und damit göttlichen Instanz. Bedenken wegen der vielen Gefälligkeitswissenschaftler, die positive Gutachten auf Anfrage erstellen, sind kein allzu großes Thema. Die gelegentlich entlarvten Fälschungen gelten als Ausnahme. Dass es solche immer wieder gibt, zeigen zum Beispiel die Laboruntersuchungen der Medizinischen Universität Wien, welche vorgaben, die Schädlichkeit von Mobilfunkstrahlung belegt zu haben[9]. Auch die als Sensation gefeierte Herstellung von maßgeschneiderten Stammzellen durch Klonen an der Universität von Seoul erwies sich als Fälschung[10]. Es ist angesichts dessen oft nicht einfach zu unterscheiden, an welcher

Stelle Wissenschaft Vertrauen verdient und an welcher Stelle es erschlichen werden will. Ein Bäcker hat für gewöhnlich nicht die Möglichkeit, eigenhändig zu prüfen, ob Mobilfunkstrahlung schädlich für seinen Körper ist. Sonst hätte er keine Zeit mehr, die Brote zu backen, von denen sich der Wissenschaftler ernährt. Was den Bäcker dennoch überzeugt, ist genau genommen nicht die wissenschaftliche Methode selbst, denn die kann er nicht überprüfen, sondern die Aussage des Wissenschaftlers, den er auf menschlicher Ebene als vertrauenswürdig einschätzt. Beziehungsweise vertraut er meist nicht dem Wissenschaftler selbst, sondern den Überbringern der wissenschaftlichen Erkenntnis in Form von Journalisten, Autoren oder Stammtischkollegen.

Es ist aber bestimmt ungerechtfertigt, deshalb jedem Wissenschaftler prinzipiell von vorneherein zu misstrauen. Allerdings ist Vorsicht geboten und man sollte im Hinterkopf behalten, dass ein menschlicher Vermittler existiert.

Die Wissenschaft kann ideologisch missbraucht werden

Besondere Vorsicht ist geboten, wenn mit Wissenschaft ideologische Positionen untermauert werden sollen.

Es ist natürlich nicht ausgeschlossen, dass die wissenschaftlichen Erkenntnisse tatsächlich für eine bestimmte Weltanschauung oder ein bestimmtes Menschenbild sprechen. Aber die Darstellung der neuen offensiven Atheisten – allen voran Richard Dawkins – hält einer sorgfältigen Prüfung nicht stand[1,11]. Dawkins verbreitet die Ansicht, dass die Wissenschaft für den Atheismus spräche[12]. Wegen seiner einseitigen Darstellung wird er deshalb sogar selbst von anderen atheistischen Wissenschaftlern kritisiert, die um ihre Glaubwürdigkeit fürchten[11]. Allerdings wird die öffentliche Meinung dabei mehr vom Ausmaß der Medienpräsenz als von Fakten geprägt. Der eigentliche Zündstoff dieser Kontroverse besteht ohnehin nicht im vermeintlichen Gegensatz zwischen Religion und Wissenschaft, sondern dem zwischen verschiedenen Weltbildern, nämlich Theismus und Atheismus[1]. Das wird auch daran deutlich, dass es die meisten der an der hitzig geführten Diskussion beteiligten Positionen schon vor der Forschung gab, das heißt, die Forschung hat nicht erst zu ihnen hingeführt. So besteht beispielsweise der Gedanke einer Schöpfung oder einer Evolution zeitlich gesehen schon viel länger, als versucht wird, diese Ansichten mit Fakten zu unterfüttern[13]. Weitere Fragen, die im Rahmen der Auseinandersetzung angesprochen werden, sind, inwieweit Mann und Frau von ihrem Wesen und ihrer Veranlagung her verschieden oder gleich sind. Oder auch die Frage, ob das Universum schon immer existiert hat oder einen Anfang hatte. Und ob es eher von Spuren eines absichtsvollen Schöpfers oder aber von purem Zufall geprägt ist.

Eine inhaltliche Untersuchung dieser Streitfragen zeigt, dass bei allen eben erwähnten Positionen nicht zu übersehende Fragezeichen stehen bleiben. Folgerichtig gibt es sowohl Wissenschaftler, die an die Existenz Gottes glauben als auch solche, die dies nicht tun[11].

Fazit

Wenn wir uns also mit wissenschaftlichen Mitteln der Frage nach Gott nähern wollen, müssen wir uns wohl oder übel eingestehen, dass wir auf diesem Weg im Moment noch nicht zu einer Beantwortung in der Lage sind. Vielleicht sieht es in Zukunft anders aus, aber bisher hat sich bei großen wissenschaftlichen Durchbrüchen meist gezeigt, dass die tatsächlichen Zusammenhänge um ein vielfaches komplizierter sind, als zuvor vermutet[13, 19]. Die Fragen werden eher mehr als weniger. Zwar mag es an mancher Stelle Hinweise geben, die in eine bestimmte Richtung zeigen, aber es bleibt dem Einzelnen überlassen, ob ihm diese genug sind, um eine Entscheidung zu treffen.

Soviel sei zum Thema Wissenschaft und Gott an dieser Stelle gesagt, denn für alles Weitere kann man nicht mehr tun, als den weiteren Fortschritt der Wissenschaft aufmerksam zu verfolgen. Im nächsten Kapitel geht es nun etwas ausführlicher als oben angerissen um den Atheismus.

2. Der materialistische Atheismus sägt an dem Ast, auf dem er sitzt

Der Atheist Ludwig Feuerbach hat den Gedanken populär gemacht, dass Gott eine Erfindung des Menschen sei. Er drehte das biblische „Gott schuf den Menschen nach seinem Bilde“ um und behauptete: „Der Mensch schuf Gott nach seinem Bilde“[16] Das nährte das Überlegenheitsgefühl vieler vermeintlicher Freigeister, die sich vom Christentum abwenden wollten und glaubten: „Die Bibelautoren des ersten Jahrhunderts konnten von solch modernen Erkenntnissen noch nichts wissen, aber jetzt sei es an der Zeit, die veraltete biblische Sichtweise hinter sich zu lassen.“ Dabei war Feuerbachs Behauptung gar nichts Neues. Schon der griechische Philosoph Xenophanes sagte ca. 500 v. Chr. sinngemäß dasselbe[17]. Paulus, ein Bibelautor, zitierte sogar an mehreren Stellen des Neuen Testaments griechische Philosophen und lässt so durchblicken, dass er mit ihren Ideen vertraut war[18]. Feuerbachs Behauptung wurde später in der Psychologie umformuliert zu „Gott ist eine Projektion des Menschen". Das heißt, wir würden in uns hineinsehen und uns dann einen Gott ausdenken, der die Eigenschaften hat, die wir in uns beobachten oder uns wünschen. Doch der Gedankengang hilft im Hinblick auf die Frage nach Gott nicht weiter. Denn es gibt kein Mittel, zu unterscheiden, ob die ähnlichen Eigenschaften daraus resultieren, dass entweder wir Gott erschufen, oder Gott uns.

Was sind die Aussagen des Atheismus, bzw. der materialistisch-deterministischen Variante des Atheismus?

Atheist ist jemand, der glaubt, dass Gott nicht existiert. Sehr verbreitet ist die materialistisch deterministische Variante des Atheismus.

Materialistisch bedeutet, dass das komplette Universum aus nichts anderem besteht, als aus Materie, die von physikalischen Kräften bewegt und strukturiert wird. Die physikalischen Kräfte sind die Gravitationskraft, die elektromagnetische Kraft und die sogenannte schwache und starke Kernkraft. Deterministisch bedeutet, dass jedes Teilchen, welches sich im Universum bewegt – sei es das Atom eines Planeten oder das eines menschlichen Gehirns – sich ausschließlich deshalb bewegt, weil eine dieser vier Kräfte es dazu gezwungen hat. Weil die Kräfte gesetzmäßig immer auf die selbe Art und Weise wirken, liegt demzufolge heute schon fest, wo sich die Teilchen morgen befinden werden. Zum Beispiel liegt heute schon fest, welche Gedanken man morgen denken wird und welche Entscheidungen man treffen wird. Die Gedanken sind also determiniert, das heißt festgelegt. Die Kräfte haben mit der Zeit die Materie zu Galaxien, Sonnen und Planeten geformt. Auf unserem Planeten wurde die leblose Materie dann im Laufe der Evolution erst zu einfachen und dann zu immer komplexeren Molekülverbänden strukturiert, bis schließlich die komplizierte Materiestruktur entstand, die sich heute „Mensch“ nennt.

Ob sich die Wirklichkeit derart mechanisch verhält, ist aus wissenschaftlicher Sicht nicht geklärt. Im Zeitalter der klassischen Physik (ca. 17. - 19. Jahrhundert) war eine umfassende mechanische Weltsicht sehr verbreitet, bis dann im vergangenen Jahrhundert die Entdeckung der Quantenmechanik (1925) diese Ansicht ablöste. Seitdem glaubt der Großteil der Physiker nicht mehr daran, dass sich Materie derart gesetzmäßig verhält. Allerdings lassen die Erkenntnisse der Quantenmechanik verschiedene Interpretationen zu, so dass die Frage nicht abschließend geklärt ist.[19, 20]

Die Schlussfolgerungen des materialistisch-deterministischen Atheismus

Ungeachtet dessen, dass die Diskussion noch nicht entschieden ist, kann überlegt werden, was es denn für Konsequenzen hätte, wenn der materialistisch-deterministische Atheismus tatsächlich wahr wäre. Denn diese Version der Weltgeschichte würde für unsere Identität als Mensch grundlegende Folgen haben: Wir wären dann nicht mehr Lebewesen, sondern Objekte. Wir wären dann nicht mehr Personen, sondern Molekülmaschinen.

So würde der Stellenwert des Menschen fundamental reduziert. Da wir nur strukturiert angeordnete, aber letztlich leblose Materie wären, verschwände unsere Persönlichkeit, das heißt unser „Ich", welches uns ausmacht. Es würde zu einer von physikalischen Kräften getriebenen und beherrschten Null schrumpfen. Den einen hätten die physikalischen Kräfte zum Theisten geformt und den anderen zum Atheisten. Autonome Entscheidungen, freier Wille und freie Meinung wären dann nur eine Illusion. Die ganze Diskussion verlöre ihre Bedeutung, denn sie würde von außen diktiert. Konsequenterweise wäre auch an Terroranschlägen und Völkermorden niemand schuld. Denn es wären die unabänderlichen physikalischen Kräfte, welche die Moleküle im Gehirn des Attentäters so angeordnet haben, dass sie unausweichlich den Entschluss zu dem Verbrechen formten. Warum sollte sich ein Mörder dann überhaupt noch verantworten? Wo doch nicht er als Person sich dazu entschlossen hätte, sondern die elektrochemischen Prozesse in seinem Gehirn den Mord erzwungen hätten?

Ausgehend von lebloser Materie lässt sich zudem nirgendwo eine Wertung ableiten. Man kann nirgendwo ableiten, dass etwas gut, schlecht oder eine Mischung von beidem ist. Denn dem materialistischem Atheismus zufolge hat sich die Materie zwar als Mensch angeordnet, aber man kann nicht sagen, dass das gut sei. Sie hat es eben getan. Die physikalischen Kräfte haben die Materie eben über die Zeit zu Menschen geformt. Es gibt keinen Grund, warum es besser sein sollte, dass die Materie als Menschmaschine angeordnet ist, anstatt als Blumenerde auf dem Boden zu liegen. Es gibt keinen Grund, warum man sich als Mensch beschützen sollte, warum Leben etwas Wertvolles sein sollte und warum der Mensch so etwas wie Würde besitzen sollte. Wenn es kein gut und schlecht gibt, dann kann auch Leid, Krankheit und Tod nicht als schlecht bezeichnet werden.

Viele Atheisten würden dem widersprechen und entgegnen, dass es in ihrem Denken sehr wohl Wertungen wie gut und schlecht gibt. Diese Wertungen gründen sie auf menschliche Empfindungen. Was man als Freude bereitend empfindet, ist gut. Was man als leidvoll empfindet, ist schlecht. Das Problem dabei ist allerdings, dass ihr materialistisches Denken schon viel früher greift. Es macht nämlich Aussagen darüber, wer sie als Menschen überhaupt sind: Eine von äußeren physikalischen Kräften angeordnete Materiestruktur und damit nichts, was Wertungen aufstellen könnte. Wenn die Materie vor Entstehung des Menschen wertefrei war, dann ist sie es auch danach. Denn durch die Entstehung des Menschen kam nichts Wesentliches dazu. Es hat sich lediglich die Materie anders angeordnet.

Wäre der materialistische Atheismus wahr, würden auch Liebe, Sinn, Empfindungen, Trauer, Freude oder das Bewusstsein selbst zur Bedeutungslosigkeit schrumpfen, weil sie nur Illusionen wären, hervorgerufen von komplexen Zellverbänden. Angesichts dessen mag sich manch ein Atheist freuen. Denn wenn es keinen Sinn im Leben gibt, dann – so die Überlegung – kann er selbst einen festlegen. Doch „ihn", der etwas festlegen könnte, gibt es seinem Denken zufolge gar nicht. Diesen Punkt kann schließlich auch Richard Dawkins nicht überwinden, wenn er vorschlägt, wir sollten gegen unsere Gene rebellieren, obwohl es seinen sonstigen Ausführungen zufolge „uns" in dem Sinne gar nicht gibt[21, 22, 23]. Falls jemand trotzdem gegen die ihn beherrschenden Triebe rebellieren sollte, dann diesem atheistischen Menschenbild zufolge nur deshalb, weil andere Triebe, die aber auch von physikalischen Kräften gesteuert werden, stärker sind.

Der materialistisch-deterministische Atheismus treibt jeden Menschen, der ihn in allen seinen Konsequenzen anerkennt, in die Sackgasse des gedanklichen Stillstandes und der Handlungsunfähigkeit. Denn der Mensch hat keinen Antrieb zum Denken und Handeln mehr, wenn er erkannt hat, dass es auf ihn gar nicht ankommt. So zieht er sich selbst den Boden unter den Füßen weg. Falls der Atheist trotzdem noch weiterdenkt und weiterhandelt, zeigt er damit, dass er die logischen Schlussfolgerungen seines Weltbildes noch nicht anerkannt hat. Oder, wie Francis Schaeffer es ausdrückte: „Man kann nicht daran glauben, dass alles eine Maschine ist, und gleichzeitig das Ideal der Freiheit des Menschen anstreben." Schaeffer sagte auch die gesellschaftlichen Folgen voraus: „Überall wird den Menschen gesagt, dass der Mensch nur eine Maschine ist. Dadurch geht ihr Widerstand gegen die Manipulation Schritt für Schritt zurück."[14] Je mehr Raum diesem Denken gelassen wird, desto mehr verliert man die Fähigkeit des eigenständigen Entscheidens. Denn das Akzeptieren, dass es auf einen selbst nicht mehr ankommt, ist das Akzeptieren von Fremdbestimmung.

Das Denken des materialistischen Atheisten lässt zudem für ein Leben nach dem Tod keinen Raum. Das Leben vor dem Tod ist sein Ein und Alles. Doch obige Überlegungen zeigen, dass auch schon sein diesseitiges Leben zur Null wird.

Viele Atheisten haben dennoch eine hohe Moral

Trotzdem gibt es viele Atheisten, die freundlich und lebensfroh sind und einen ausgeprägten Sinn für Gerechtigkeit, Gut und Böse haben. Das liegt allerdings daran, dass sie nicht der Logik ihres materialistisch atheistischen Denkgebäudes folgen, sondern ihrer Menschlichkeit. Ihrer Menschlichkeit, für die ihr Denken genau genommen keinen Platz lässt. Je mehr Raum dem materialistischen Denken gelassen wird, desto weniger Bedeutung haben Freude, Leid, Empfindungen, Liebe oder Würde. Darüber hinaus liegt es aber auch daran, dass nicht jeder Atheist auch ein materialistisch-deterministischer Atheist ist.

Die Frage nach dem Ursprung entzieht sich der Reichweite der Logik

Abgesehen davon sind noch einige Scheinargumente in der öffentlichen Meinung verbreitet, was die Diskussion zwischen Theismus und Atheismus betrifft. So behaupten beispielsweise Theisten, es sei unlogisch, zu glauben, dass beim Urknall Materie aus dem Nichts kam. Genauso undenkbar sei es, dass Materie schon immer da war. Es müsse also einen Schöpfer geben, der den Urknall ausgelöst hat, oder sonstwie das Universum ins Leben gerufen hat. Atheisten hingegen geben eine ähnliche Überlegung an die Theisten zurück: Wenn Gott das wirklich getan hat, wer schuf dann Gott? Genausowenig, wie man sich vorstellen kann, dass Materie schon immer da war, kann man sich vorstellen, dass Gott schon immer da war.

Solcherlei Gedankenspiele helfen bei der Frage nach Gottes Existenz nicht weiter. Denn keine dieser Varianten ist verstehbar. Der menschliche Verstand ist schlichtweg zu klein dafür. Der Verstand kann lediglich von einer ersten unbegründeten Annahme ausgehen und von dort aus weiterdenken. Das heißt, er kann überlegen, was es für Auswirkungen hat, wenn am Anfang des Denkens die Materie oder aber Gott steht. Wer – wie viele Atheisten – von nichts als Materie als erste Ursache ausgeht, kann schlussfolgern, selbst nichts weiter als Materie zu sein. Wer – wie der Christ – vom persönlichen Gott als erste Ursache ausgeht, kann schlussfolgern, selbst eine Person zu sein.

Keine der verschiedenen Ausprägungen des Atheismus kann man schließlich beweisen. Da dies aber für alle Weltanschauungen zutrifft, ist der entscheidende Punkt ein anderer: Ist der Atheist bereit, weiter zu denken und auch die Konsequenzen seines Glaubens anzunehmen? Nimmt er nicht nur die vermeintlich frei machende Unabhängigkeit von einer höheren Macht, sondern schreitet er auch fort bis zu der gähnenden Sinnlosigkeit, die sich bald vor ihm auftut? Diese Frage ist unbequem. Unter anderem deshalb hat der Agnostizismus ungleich mehr Anhänger. Um ihn geht es im nächsten Kapitel.

3. Die Alternative des Agnostikers: Keine Entscheidung treffen

Agnostiker glauben, man könne nicht wissen, ob Gott existiert oder nicht. Diese Ansicht ist kennzeichnend für unsere gegenwärtige Gesellschaft. Man könnte fast den Eindruck gewinnen, dass sie sich aus einem fortwährenden Höherentwicklungsprozess der Geistesgeschichte entwickelt hätte und nun die bisherige Krönung des intellektuellen Fortschritts darstelle. Doch schon der Grieche Protagoras sagte ca. 450 v. Chr.: „Von den Göttern weiß ich nichts, weder dass es solche gibt, noch dass es keine gibt.“[29]

Die Gründe für die Popularität des Agnostizismus sind wohl an anderer Stelle zu finden: Vor der Aufklärung, im Zeitalter der Übermacht institutioneller Religion, war die europäische Geschichte übersät mit Kriegen, Konflikten, Machtmissbrauch und Unterdrückung. Deshalb war der Atheismus infolge der Aufklärung eine hoffnungsvolle Alternative. Doch das Blutvergießen hörte damit nicht auf. Mittlerweile hat sich gezeigt: Machthaber und Regierungen, die sich auf den Atheismus berufen haben, verübten ebenso menschenverachtende Verbrechen. Krieg, Machtmissbrauch und Unterdrückung verschwanden nicht, als der Einfluss der Religion zurückging. Sie haben offensichtlich tiefere Ursachen. Mittlerweile gilt als vielversprechendster Heilsweg, einfach keine Position einzunehmen. Teilweise hat der Agnostizismus also seinen Ursprung in schmerzhaften Erfahrungen. Andere Ursprünge sind aber wohl auch eine bequeme Scheu, sich mit ernsten Fragen auseinanderzusetzen und nicht zu vergessen, dass diese Welt nunmal wirklich oft sehr undurchsichtig ist.

Man kann sich dadurch jedoch nicht der Gegebenheit entziehen, dass es trotzdem sehr große Konsequenzen nach sich zieht, wenn man an die Existenz Gottes, seine Nicht-Existenz oder an keines von beidem glaubt. Auch wenn die Frage nach Gott durch logische Herleitung letztlich nicht gelöst werden kann, ist die Beantwortung wegen ihrer Auswirkungen doch von großer Bedeutung. Denn jede Einzelperson und jede Kultur geht von einer Glaubensbasis aus. Diese Glaubensbasis kann Aussagen enthalten wie z.B. „Gott existiert“, „Gott greift ein“, „Gott existiert nicht“ oder „Mit Gott ist nicht zu rechnen“. Die Glaubensbasis – unabhängig davon, ob sie bewiesen ist oder nicht – zieht sich durch das gesamte Leben. Wohlstand oder Armut, die psychische Befindlichkeit, Angst oder Mut, Traurigkeit oder Freude, Depression oder Euphorie, seelische Erfülltheit und sogar innere Motive lassen sich sehr stark auf eine zugrundeliegende Glaubensbasis zurückführen. Das lässt sich an zahlreichen Beispielen zeigen. Drei davon werden im Folgenden beschrieben.

Erstes Beispiel dafür, wie die Glaubensgrundlage unser Leben prägt: Die Entstehung der Wissenschaft in der Neuzeit

Die moderne Wissenschaft ist nicht aus dem Nichts entstanden. Verschiedene Faktoren haben die Entstehung begünstigt bzw. erschwert. Begünstigend ist beispielsweise die im Menschen veranlagte natürliche Neugier, die ihn dazu bewegt, seine Umwelt zu untersuchen. Erschwerend ist, dass Wissenschaft auch Arbeit ist. Dieser Aspekt soll im Folgenden näher betrachtet werden. Arbeit ist anstrengender Aufwand. Aufwand wird aber oft erst dann betrieben, wenn am Ende der Arbeit ein Nutzen in Sicht ist. Hoffnung auf Nutzen fördert die Wissenschaft. Heutzutage ist es leicht, bei wissenschaftlicher Arbeit auf einen Nutzen zu hoffen. Denn die letzten Jahrhunderte haben gezeigt, dass wissenschaftliche Erkenntnis sehr hilfreich und nützlich in vielerlei Beziehung ist. Im Nachhinein ist es leicht, Wissenschaft gut zu heißen. Doch wenn man zurückdenkt und sich in die Gedankenwelt eines Menschen hineinversetzt, der am Anfang steht, sieht die Situation anders aus.

Angenommen, dieser Mensch fängt gedanklich bei Null, also ohne Vorwissen, an. Nun will er die vielen Phänomene um sich herum verstandesmäßig erfassen. Einige Naturgesetze sind dann relativ offensichtlich herauszufinden. Der Zusammenhang zwischen Wolken und Regen, die Laufbahnen der Sterne oder die Abfolge von Jahreszeiten fallen in diese Kategorie. Bei vielen anderen Naturgesetzen ist es schwieriger, beispielsweise beim Elektromagnetismus. Die offensichtliche Beobachtung, die jeder beim Elektromagnetismus machen kann, ist, dass sich bestimmte Erze scheinbar magisch anziehen oder abstoßen. Dann stellt sich die Frage, ob man dieses Phänomen näher untersuchen soll. Doch wer garantiert einem, dass sich die enormen wissenschaftlichen Anstrengungen überhaupt lohnen, wo doch Blitzableiter oder Telegrafieanlagen zu diesem Zeitpunkt noch nicht bekannt sind? Wer garantiert einem, dass ein Naturgesetz überhaupt herausfindbar ist? Wer garantiert einem, dass die wertvolle Zeit beim Forschen nicht verschwendet wird? Im Nachhinein, wenn man die funktionierende Telegrafenstation vor Augen hat, ist es leicht zu beantworten. Doch dieses Wissen hat man am Anfang ja noch nicht. Erschwerend kommt die typisch menschliche Eigenschaft hinzu, Unbekanntes zu mystifizieren. Blitze und sonstige Stromschläge wurden mitunter, weil sie nicht erklärt werden konnten, als Strafe von Naturgöttern und Dämonen angesehen. Das heißt, es braucht neben Motivation und viel überschüssiger Zeit auch noch Mut, um zu forschen. Deshalb sollte eine glaubensmäßige Grundlage die Hoffnung bieten, dass die uns umgebende Natur tatsächlich verstandesmäßig nachvollziehbaren Naturgesetzen unterliegt und nicht ungreifbar mystisch ist. Diese Weltanschauung fand sich in der Bibel, weil dort von einem vernünftigen Schöpfer die Rede ist. Das heißt, die Schöpfung ist verstandesmäßig nachvollziehbar, weil sie von einer vernünftigen Person geschaffen wurde. Auf Grund dieser Annahme hatten die Wissenschaftler trotz vieler Hindernisse die Hoffnung, weiterzuforschen. Der Gedankengang kann auch so formuliert werden:

① Laut der Bibel wurde das Universum von einem rationalen persönlichen Wesen, nämlich Gott, erdacht.
② Die Gedanken einer rationalen Person sind nachvollziehbar.
③ Deshalb ist das Universum verstandesmäßig nachvollziehbar.

④ Deshalb lohnt sich Nachdenken über das Universum. Mit anderen Worten: Deshalb lohnt sich Wissenschaft.

Mittlerweile wurde die Glaubensgrundlage, dass die Welt verstehbaren Gesetzen folgt, aus der Bibel gelöst und trägt sich nun selbst, weil es eine sehr erfolgreiche Glaubensgrundlage ist. Sie wird sogar als *weltanschaulich neutral* bezeichnet, weil das geschichtliche Bewusstsein verloren gegangen ist. Zwar waren nicht alle der ersten neuzeitlichen Wissenschaftler konsequente Christen, aber sie lebten alle im Einflussbereich des von der Bibel geprägten Weltbildes. Es finden sich zahlreiche Beispiele maßgeblicher Wissenschaftler, für die ihre wissenschaftliche Forschung eng mit der biblischen Weltsicht zusammenhing. So schrieb Isaac Newton gegen Ende seines Lebens mehr biblische als wissenschaftliche Abhandlungen. Später führten Männer wie Michael Faraday, der die elektromagnetische Induktion entdeckte und sich eng an die Bibel halten wollte, die Tradition fort. Faraday veranstaltete öffentliche Experimente, mit der Begründung, alle Menschen sollen sich an dem Wissen über Gottes Schöpfung erfreuen[14]. Im Lauf der Zeit geriet der weltanschauliche Zusammenhang zwischen Bibel und Wissenschaft immer mehr in Vergessenheit. Doch auch noch Männer wie J. Robert Oppenheimer, der später reumütige „Vater der Atombombe“, wiesen auf den geschichtlichen Zusammenhang hin. Obwohl er selbst wohl kein bibelgläubiger Christ war, stellte er in der Kulturzeitschrift „Encounter“ dar, wie die moderne Naturwissenschaft aus dem christlichen Weltbild geboren wurde[24]. Zwar haben auch Einflüsse des griechischen Denkens bei der Entstehung der modernen Wissenschaft geholfen, doch die entscheidende rationale Grundlage kam aus der Bibel, wie auch der Philosoph und Mathematiker Alfred North Whitehead bestätigte. In den Harvard University Lowell Lectures bezeichnet Whitehead das Christentum als Mutter der Wissenschaft, wegen der mittelalterlichen Lehre von der Rationalität Gottes[25].

Dieser geschichtliche Zusammenhang wird auch am Vergleich mit anderen Kulturen deutlich. Joseph Needham, die große Autorität auf dem Gebiet der chinesischen Wissenschaftsgeschichte, fand zwar Hinweise, dass zahlreiche Erfindungen, wie z.B. der Buchdruck, Schießpulver und der Kompass, in China schon länger als in Europa bekannt waren. Doch als Erklärung, warum sich aus diesem Vorsprung im Gegensatz zu Europa nie eine volle Naturwissenschaft mit umfassenden Theorien entwickelte, schrieb Needham bezüglich der Chinesen: „Es gab keine Zuversicht, dass der Code der Naturgesetze je entschlüsselt und gelesen werden könnte, weil sie keinerlei Zusicherung besaßen, dass es ein göttliches Wesen gab, das, noch rationaler als wir selbst, je einen solchen Code formulierte, der von uns gelesen werden könnte."[26]

Die Glaubensfrage, ob die Natur verstehbaren Gesetzen folgt, stellt sich in manchen Bereichen der Wissenschaft auch heute. Beispiele dafür sind die Untersuchung der

Wetterentstehung, der Strukturbildung im Universum oder in neuronalen Netzen. Es ist im Moment noch eine Frage des Glaubens, ob man solche Phänomene als *zufällig*, *gesetzmäßig* oder *mystisch* ansieht.

Sieht man, wie es häufig in der heutigen Wissenschaft getan wird, solche Phänomene als *zufällig* an, dann kommt der Forschungsprozess zum Stillstand. Denn man erhofft sich dann nicht mehr, dass die untersuchten Prozesse vorhersagbar, d.h. verstehbar sind und hat deshalb keinen Grund mehr weiter zu forschen.

Oder man sieht die Phänomene als *gesetzmäßig* an und hat deshalb Grund und Motivation zum Weiterforschen, weil Gesetze erforscht werden können.

Oder man sieht die Phänomene als *mystisch* an. Dann gelten sie als geheimnisvoll und es können gute oder böse Mächte dahinter vermutet werden. Das ist rein logisch gesehen nicht ausgeschlossen, kann aber ein Hindernis für die Erforschung darstellen.

Eine Untersuchung des Themas zeigt also, wie die biblische Weltsicht die Entstehung der heutigen Wissenschaft begünstigte. Es gibt gewiss auch Beispiele dafür, wie Kirchen den wissenschaftlichen Fortschritt gebremst haben. Die Gründe dafür liegen aber wohl eher in Befürchtungen, Machtpositionen zu verlieren, als im biblischen Weltbild. Außerdem gibt es, wie eingangs erwähnt, noch andere Faktoren, die bei der Entstehung der Wissenschaft mitgewirkt haben und auch einen genaueren Blick verdient hätten. Doch an dieser Stelle soll der obige kleine Einblick erstmal nur als Illustration dafür dienen, wie eine Weltsicht – unabhängig davon, ob sie bewiesen ist oder nicht – weitreichende Auswirkungen auf die Kultur hat. Als nächstes Beispiel dient eine kurze Analyse des menschlichen Zeitempfindens.

Zweites Beispiel dafür, wie die Glaubensgrundlage unser Leben prägt: Das Tempo des Lebens

Hartmut Rosa von der Friedrich-Schiller-Universität Jena habilitierte zum Thema „Soziale Beschleunigung. Die Veränderung der Zeitstrukturen in der Moderne". Er veröffentlichte einen Auszug seiner gewonnenen Erkenntnisse im Magazin „Spektrum der Wissenschaft"[27]. Dort stellt er ein charakteristisches Merkmal der heutigen Zeit dar: Verschnellerung. Alles scheint sich zu verschnellern. Es hat lange gedauert bis die Menschheit sich vom rennenden Botschafter zur schnelleren Postkutsche entwickelt hat. Weniger lang hat die Entwicklung von der Postkutsche zur schnelleren Überbringung per Zug gedauert. Noch kürzer dauerte es dann bis zur Nutzbarkeit von noch schnelleren E-Mails, bis schließlich kurz darauf die SMS den Mensch davon befreite, Nachrichten nur von einem ortsfesten Computer übermitteln zu können.

Technische Neuerungen sind die Voraussetzung für die Verschnellerung. Um von München nach Berlin zu kommen, brauchte man früher zu Fuß oder auch auf dem Pferd sehr lange. Die Erfindung von Zügen und Automobilen verkürzte die benötigte Zeit. Eigentlich führen technische Neuerungen also zu einem Zeitgewinn. Die Vermutung liegt nahe, dass dies zu höherer Lebensqualität durch mehr Erlebnisse und soziale Beziehungen und damit letztlich zu größerer Zufriedenheit führt. Doch es zeigt sich eine andere Entwicklung. Der Zeitgewinn führt stattdessen zu einem hektischen Wettlauf. Obwohl die Menschen mehr Zeit zur Verfügung haben, werden sie gehetzter. Die vielen neuen Möglichkeiten und Erlebnisse, welche der Zeitgewinn eröffnet, verursachen einen Hunger nach noch mehr Möglichkeiten und Erlebnissen. Dieser Hunger fordert wiederum erneuten Zeitgewinn und drängt dadurch auf weitere technische Innovationen. So verfangen sich soziale, gesellschaftliche und wirtschaftliche Aspekte des Lebens in einer Beschleunigungsspirale, die sich selbst weiter antreibt. Rosa zitiert Goethe, der schon früh den „veloziferischen“, also den teuflisch-schnellen Charakter der Neuzeit erkannte, deren Hauptmerkmal es sei, „nichts mehr reif werden zu lassen".

Die Frage ist nun, ob diese Entwicklung unmittelbar aus unserer menschlichen Veranlagung resultiert, das heißt, eine zwangsläufige menschliche Reaktion auf die durch technische Errungenschaften geänderten Rahmenbedingungen ist, oder ob es bestimmte Weltsichten gibt, die sie verstärken oder entkräftigen. Rosa stellt als Ursache für die Verschnellerungsspirale eine Kombination aus mehreren Faktoren fest. So hat der technische Fortschritt nicht nur zu einem Zeitgewinn geführt, sondern auch zahlreiche neue Möglichkeiten geschaffen, wie diese Zeit genutzt werden kann. Darüber hinaus nennt Rosa neben wirtschaftlichem Konkurrenzdruck eine gewichtige kulturelle Ursache: „Beschleunigung trägt in sich die moderne Antwort auf den Tod." Denn früher ging man davon aus, dass nach dem Tod das ewige Leben wartet. Diese Überzeugung wich in der Moderne immer mehr der Ansicht, dass ewiges Leben zwar möglicherweise nach dem Tod kommt, aber man solle zumindest, weil es ja nicht bewiesen ist, nicht damit rechnen. Das führte, obwohl man jenseitiges Leben nicht definitiv ausschloss, zu einem diesseitigen Leben, welches so gelebt wird, als ob es das Jenseits nicht gibt. Das Diesseits ist dann das Einzige, was man hat. Man muss es festhalten auf Leben und Tod. Und die Zeit läuft unaufhaltsam ab. Deshalb muss möglichst viel in das diesseitige Leben hineingepackt werden. Möglichst viele Erlebnisse, möglichst viel Erfüllung, kurz: Möglichst viel Leben. Wenn man in die gleiche Lebensspanne doppelt so viele Erlebnisse hineinpackt, dann ist es, als ob man zwei Leben führt. Wer drei Leben führen will, der muss noch mehr Erlebnisse in die gleiche Zeitspanne pressen. Der innerste Antrieb ist letztlich: Man will das ewige Leben ins Diesseits holen.

Ausgehend von Rosas Erkenntnissen lässt sich die heutige Zeit besser verstehen. Das von vielen als belastend hoch empfundene Tempo kam nicht zufällig, sondern hat seine Gründe. Ein schwerwiegender Grund liegt im Wechsel des Glaubens. Die Gehetztheit zieht sich durch alle Lebensbereiche und bezieht die gesamte Gesellschaft mit ein. So haben immer weniger das Glück, in ihrem Umfeld Gegebenheiten vorzufinden, die es erlauben, ein eigenes Tempo einzuschlagen. Wirtschaftlich gesehen wurde der Kapitalismus zum Turbokapitalismus. Immer mehr Geld wird in immer kürzerer Zeit über den Globus geschoben, bis schließlich Finanzkrisen die Beschleunigung wieder ausbremsen. Wer in seiner Arbeitsleistung nicht mit der Beschleunigung der anderen Schritt hält, bleibt zurück und verliert womöglich seine Existenzgrundlage.

Wohnsitze, Überzeugungen, Ideen und Marktmonopole wechseln in immer geringeren zeitlichen Abständen. Arbeitsverträge werden kurzfristiger. Sogar Schnittfolgen in Videoclips werden immer schneller. Modetrends bezüglich Handys, Kleidung oder Musik- und Kunststilen lösen sich in immer kürzeren Abständen ab. Fastfood, Speed Dating, Multitasking und Wegwerfprodukte sind symptomatische Ergebnisse des Verschnellerungsdrucks. Wegen der Überflutung mit neuen Gedanken werden tiefgehende Analysen von oberflächlichen Zusammenfassungen verdrängt. Der Leistungsdruck verhindert Kreativität und Sorgfalt. Alles soll schnell, möglichst sofort zu haben sein. Die Entwicklung kann seelisch zermürbend wirken, weil man zwar mehr als früher erlebt und leistet, aber trotzdem stärker das Gefühl hat, zu wenig erlebt und geleistet zu haben. Ob das von der Zunahme an Wohlstand, die ja genauso beschleunigt wird, aufgewogen wird, bleibt dem Urteil des Einzelnen überlassen.

Die Beschleunigung zeigt sich auch in zwischenmenschlichen Beziehungen. Partner wechseln immer häufiger. Freundschaften werden bei Schwierigkeiten und Streit eher beendet, als dass man anhaltend in den anderen investiert. Sicherheit, Geborgenheit und Gelassenheit werden langsam zurückgedrängt. Es gibt immer mehr oberflächliche, aber immer weniger tiefe Freundschaften. Am Beispiel zwischenmenschlicher Beziehungen wird ein Merkmal der heutigen Zeit schmerzvoll sichtbar: Die Quantität zerstört die Qualität.

Um Missverständnisse auszuschließen: Der Wechsel von einer Weltsicht, die mit dem Jenseits rechnet, zur heutigen Sicht ist nicht die *einzige* Ursache für die Verschnellerung. Aber er ist ein grundlegender Einflussfaktor auf die heutige Kultur. Zeit ist ohne ewiges Leben die immer knapper werdende Ressource. Man könnte zu kurz kommen.

Der Tod ist die Geißel des Menschen. Er ist der Fixpunkt, an dem sich das diesseitige Leben orientiert. Er ist der mächtige Herrscher, dessen Anweisungen man zu befolgen hat. Er gibt das Tempo vor und zwingt zu schnellem Handeln. Wird mit dem Jenseits nicht mehr gerechnet, verliert auch das Diesseits immer mehr an Qualität.

Ist das nun ein Grund, an ein Jenseits zu glauben? Wohl kein ausreichender. Denn nur weil es sich für den Alltag als nützlicher erweisen mag, ist es noch nicht wahr. Doch die Überlegungen zeigen wiederum, dass sehr viel davon abhängt, was man glaubt. Als weiteres Beispiel zur Veranschaulichung dieses Prinzips eignet sich ein zentrales Problem des Menschseins: Die Frage nach dem Sinn.

Drittes Beispiel dafür, wie die Glaubensgrundlage unser Leben prägt: Die moderne Sinnkrise entsteht durch Selbstthematisierung

Der Christ geht in seinem Denken von Gott aus, und erschließt sich von ihm aus seine Sicht auf die Welt und auf die eigene Person. Der materialistische Atheist geht, wie im vorigen Kapitel erläutert, von Materie aus und kann so in brutaler Konsequenz schlussfolgern, selbst nur Materie zu sein. Den meisten Menschen heute bleibt dagegen nichts weiter übrig, als allein von sich selbst auszugehen und sich von dort aus ihre Umgebung zu erschließen. Obwohl der Mensch offensichtlich einen Anfang und auch ein Ende hat, obwohl seine Identität, also unter anderem sein Geschlecht, sein Aussehen und seine innere Veranlagung unabhängig von ihm festgelegt wurden, setzt er sich zum Maßstab aller Dinge. Insofern macht er sich selbst zu Gott. Die Hoffnung unserer Zeit ist deshalb nicht Erlösung, sondern Selbstverwirklichung. Anders ausgedrückt: Selbsterlösung.

Die Folge davon ist Sinnlosigkeit. Denn Sinn wird immer nur von etwas Höherem, das heißt etwas Übergeordnetem, verliehen. Das wird am Beispiel einer Schraube deutlich. Eine Schraube hat für sich gesehen noch keinen Sinn. Sie bekommt erst Sinn, wenn ihr etwas Größeres von außerhalb Sinn verleiht. Beispielsweise, wenn sie eine Radkappe am Autoreifen hält. Die Radkappe und der Reifen haben für sich genommen auch keinen Sinn, sondern erst, wenn sie ein Automobil tragen. Das Automobil steht sinnlos in der Garage, bis eine Person es verwendet und ihm damit Sinn verleiht. Die Frage ist nun, welche höhere Aufgabe der autofahrenden Person Sinn verleiht. Sinn wird nur von etwas Übergeordnetem verliehen. Im gleichen Maße, wie man sich von Gott löst, steigt das Potential, sein Leben als sinnlos zu empfinden.

Aus dieser Perspektive überrascht es nicht, wenn Depression mittlerweile als Volkskrankheit bezeichnet wird. Viele der neu auftauchenden psychischen Krankheiten dürften zumindest eine Teilursache darin haben, dass man den Sinn, den einem der übergeordnete Gott verleiht, unbeachtet lässt. Man kann zwar anderen Dingen Sinn verleihen, aber wer verleiht einem selbst Sinn? Der Medien- und Kommunikationstheoretiker Norbert Bolz von der Technischen Universität Berlin schreibt treffend: „Die moderne Sinnkrise entsteht durch Selbstthematisierung.“[28] Man endet als Selbstzweck.

Als Christ wird dem Menschen von Gott, der allem übergeordnet ist, Sinn verliehen. Gott hat den Menschen bewusst geschaffen und ihm Aufgaben gegeben. Er ist gewollt und der Bibel nach sogar von Gott geliebt. Was das konkret bedeutet, wird in Kapitel 5 näher beschrieben.

Es gibt allerdings Menschen, die auch ohne den Glauben an Gott ihr Leben als sinnvoll empfinden. Das liegt daran, dass sie an Stelle Gottes anderes über sich ordnen. Ein als sinnvoll empfundenes Leben hängt von bestimmten Gegenständen, Zielen, Personen oder Erlebnissen ab, je nachdem, was der Einzelne als *das Höhere* ansieht. Fallen diese sinngebenden Bezugspunkte weg, sucht man sich händeringend neue oder stürzt ins Leere. Spätestens der Gedanke an den Tod kann ein Leben zur Sinnlosigkeit schrumpfen lassen, weil er allen zeitlich begrenzten, als höher angesehenen Sinnstiftern ein Ende setzt.

Abhängig davon also, welchen Blick man auf Gott und die Beschaffenheit der Welt hat, ändert sich die Erfahrung von Sinn und damit letztlich auch von Freude und Motivation im Alltag.

Diese drei Beispiele – die Entstehung der Wissenschaft, das Tempo des Lebens und die moderne Sinnkrise – dienen als kurze Illustration, wie stark die Auswirkungen verschiedener Perspektiven auf sich selbst, auf die Welt und auf Gott sind. Die persönliche Befindlichkeit wird davon vielfältig durchwoben. Unser Alltag und die Richtung der Gesellschaft werden stark davon geprägt.

Wo in diesem Fluss aus Glaubens-annahmen und Folgen befindet sich der Agnostiker?

Welche Rolle nimmt nun der Agnostiker ein? Der Begriff Agnostiker leitet sich vom altgriechischen Wort für „nicht-wissen" ab. Der Agnostiker ist demnach definiert als jemand, der bezüglich einer Frage – meist der nach Gott – nichts weiß. Er bietet keine Alternative zum Glauben an Gott oder an seine Nicht-Existenz, sondern er entscheidet einfach nicht. Die obigen drei Beispiele sind jedoch nur eine kleine Auswahl der enormen Wirkungen, die von der Frage nach Gott abhängen. Der Agnostiker kann dazu konsequenterweise nur schweigen. Er kann dazu keine Stimme erheben. Er schwimmt einfach mit, während andere die großen Fragen für ihn beantworten. Doch die Folgen dieser Fragen erfassen, wie gezeigt, die ganze Gesellschaft und damit auch ihn.

Natürlich ist, wie oben zum Thema Beschleunigung angemerkt, ein Glaube nicht allein deshalb wahr, weil er an mancher Stelle nützlicher ist. Zudem mag es auch Beispiele geben, in denen sich der Atheismus als nützlicher erweist. Es muss andere Gründe als bloße Nützlichkeit geben, um einen Glauben annehmen zu können. Trotzdem verlangt das Leben, in welches wir Menschen hineingestellt sind, Entscheidungen. Es stellt Fragen, die nicht folgenlos unbeantwortet bleiben können. Wer nicht selbst entscheidet, für den entscheiden andere.

4. Die Rhetorik bezwingt den Verstand

Der Mensch wollte die Welt seit jeher verstehen und eine rationale Lebensgrundlage bekommen. Philosophen versuchten, große Gedankenkonzepte zu entwickeln, welche die Welt umfassend beschreiben. Inzwischen hat sich Ernüchterung breit gemacht. Der menschliche Verstand scheint nicht leistungsfähig genug zu sein, um alle Aspekte des Lebens in einem schlüssigen Denkmodell vereinen zu können.

Die Praxis der Postmoderne zementiert das Recht des Stärkeren

Wo sind wir mittlerweile angelangt? Wer bestimmt die Richtung einer Gesellschaft, wenn jede Erkenntnis zerredet werden kann? Wenn man sich auf keinen objektiven

Maßstab berufen kann, der Fehlentwicklung als Fehlentwicklung und Schlechtes als schlecht bezeichnet? Wenn mit Hilfe geschickter Rhetorik jede Meinung und jede Handlung gerechtfertigt werden kann? Was bleibt noch als Schutz vor Willkür?

Viele Denker haben versprochen, dass die Menschheit endlich befreit wird, wenn sie sich von der Autorität Gottes löst und selbst die Richtung vorgibt. Dieses Versprechen hat letztlich dazu geführt, dass man sich nun unter der Autorität anderer Herrscher wiederfindet. Denn als Wahrheit wird heute jene Meinung anerkannt, welche am lautesten vertreten wird und die geschickteste Rhetorik verwendet. Wolfgang Nestvogel hat es treffend beschrieben: „Die Praxis der Postmoderne zementiert das Recht des Stärkeren: Wer kann sich gesellschaftlich durchsetzen? Wessen Pressure-Groups sind am Besten organisiert? Welche Position gewinnt die mehrheitliche Zustimmung des Journalismus? Wenn es keine verbindliche Instanz gibt, die von allen anerkannt wird – von Regierenden und Regierten, Arbeitgebern und Arbeitnehmern, Eltern und Kindern –, dann entscheidet die Macht über das Recht. Dann bestimmt eine Macht-Elite oder Geld-Elite, welche ‚Wahrheit' zu befolgen ist. Dann gibt es keine Chance, diese Elite auf übergeordnete, gar transzendente Ansprüche zu verweisen."[15]

Ein Beispiel für die Praxis der Postmoderne: Die Auseinandersetzung um Abtreibung

Ein gutes Beispiel zur Illustration dieser Behauptung ist die Frage nach Abtreibung. Ob das Recht auf Abtreibung nun zu befürworten ist oder nicht, sei dahingestellt. Bemerkenswert ist jedoch, dass vor 60 Jahren Abtreibung als unmenschlicher Eingriff in die Entstehung menschlichen Lebens von weiten Teilen der Gesellschaft nicht akzeptiert war. Mittlerweile ist das Gegenteil der Fall, Abtreibung wird teils sogar als Menschenrecht gefordert und nur noch eine Minderheit erhebt Einspruch dagegen. Wie kann es zu dieser 180-Grad-Wendung?

Die Rechtmäßigkeit von Abtreibung macht sich letztlich an der Frage fest, zu welchem Zeitpunkt der Mensch seinen Anfang hat. Ab wann kann man sagen, dass es sich bei der Leibesfrucht um einen Menschen handelt? Wenn es der Zeitpunkt der Zeugung ist, dann sollte man dem Recht auf Abtreibung grundsätzlich widersprechen, weil es sich dann um die Tötung eines Menschen handelt. Wenn es sich um einen späteren Zeitpunkt handelt, sollte man sich für die Legalität von Abtreibung bis zu diesem Zeitpunkt aussprechen.

Um die Entwicklung der letzten 60 Jahre nun als Fortschritt bezeichnen zu können, braucht man nachvollziehbare Kriterien, wann das Menschsein beginnt. Welcher Zeitpunkt soll als Ursprung des Menschen angesetzt werden? Die Zeugung? Sobald Arme, Beine und Kopf sichtbar werden? Sobald Hirnströme messbar werden? Bei der Geburt? Doch einen Monat vor der Geburt ist auch schon alles für das von der Mutter körperlich getrennte Leben vorhanden. Sobald sich das Bewusstsein entwickelt hat? Doch die wenigsten Menschen können sich erinnern, ihre frühe Kindheit bewusst erlebt zu haben. Außerdem: Besteht, wenn sich ein behindertes Kind ankündigt, eher das Recht auf Abtreibung?

Für diese Fragen gibt es keine eindeutigen medizinischen Kriterien. Wenn nicht einmal klar definiert ist, was Menschsein überhaupt ausmacht, dann kann man noch viel weniger einen Anfangszeitpunkt des Menschseins herausfinden. Was bleibt noch übrig? Warum war vor 60 Jahren das eine akzeptiert und jetzt das andere? Weil Menschen, die das Recht auf Abtreibung befürworten, rhetorisch geschickt und aktiv Öffentlichkeitsarbeit betrieben haben. Wer sich Gehör verschafft und geschickt reden kann, der gewinnt. Es ist nicht mehr eine Frage des nachvollziehbaren Verstandes, sondern eine Frage der Macht.

Vor zu extremen Ansichten wird gewarnt. Doch letztlich kann jede noch so extreme Ansicht gesellschaftsweit etabliert werden, unter der Bedingung, dass diese Ansicht langsam, schrittweise und sanft eingeführt wird. Denn der Verstand liefert keinen Maßstab, „extrem" überhaupt verbindlich definieren zu können. Vielleicht sind gesellschaftliche Aussteiger extrem. Vielleicht ist aber auch die Gesellschaft selbst extrem. Als normal wird meist einfach unbegründet das angesehen, was man gewöhnt ist. Der menschliche Verstand bietet an vieler Stelle kein verbindliches Kriterium, Idiotie von Vernunft unterscheiden zu können. Deshalb können entgegengesetzte Meinungen im gleichen Maße Gültigkeit einfordern. Mit anderen Worten: Die Meinungen sind gleich gültig. Und das führt zu Gleichgültigkeit.

Sanfte Manipulation durch Rhetorik

Die Rhetorik der Medienlandschaft und Politik ist in hohem Maße dafür gerüstet, bestimmte Glaubensinhalte oder die Autorität bestimmter Personen und Gruppen möglichst widerstandslos zu etablieren oder zu verdrängen. Ein wirksames Mittel ist zum Beispiel, dem Zuhörer das Gefühl geistiger Überlegenheit zu geben: Je öfter ihm vermittelt wird, er sei aufgeklärt, desto leichter stempelt er bestimmte Ansichten als rückständig ab. Je überlegener er seine Freigeistigkeit bewertet, desto blinder ist er gegenüber Täuschung. Je stärker betont wird, dass bestimmte Ansichten, Personen und Gruppen als extrem abzulehnen sind, desto leichter wird es, anderen extremen Ansichten und Personen schleichend Akzeptanz zu verleihen. Je öfter man gesagt bekommt, dass gesellschaftsweit anerkannte Ansichten nur zufällig, aber nicht bewusst entstehen, desto mehr sinkt das Misstrauen angesichts bewusster Manipulationsmethoden.

Beliebige Ansichten können als *modern*, *vorwärtsgerichtet* oder *zukunftsorientiert* bezeichnet werden und bekommen dadurch den hoffnungsbeladenen Geschmack von Fortschritt. Doch der Fortschritt des einen ist der Rückschritt eines anderen. Genauso kann beliebigen anderen Ansichten ihr Glanz genommen werden, indem sie als *veraltet*, *rückwärtsgerichtet* oder *überholt* betitelt werden. Die richtigen Worte wirken auch ohne Begründung

Ein Beispiel für Manipulation durch Rhetorik: Der Begriff „Toleranz"

Toleranz ist beispielsweise ein typisches Schlagwort, das mit zukunftsorientiertem und aufgeklärtem Denken in Verbindung gebracht wird und sich deshalb leicht für Manipulationszwecke benutzen lässt. Daher lohnt sich eine nähere Untersuchung des Begriffs. Zweifelsohne ist es etwas Gutes, andere Meinungen zu respektieren und Konflikte gewaltfrei beizulegen. Doch das ist nur ein kleiner Ausschnitt dessen, was sich hinter dem Begriff Toleranz verbirgt. Tolerant sein heißt übersetzt „ertragen" oder „zulassen". Das bedeutet, ein toleranter Mensch erträgt andere Meinungen und lässt sie zu. Andere Meinungen zuzulassen, vielleicht sogar abstoßende oder gefährliche Meinungen, ist etwas Schwieriges. Es verwundert deswegen, warum vielen die Toleranz so leicht fällt und sie so gerne verteidigt wird. Es ist leicht, tolerant zu sein, solange die andere Meinung nicht den eigenen persönlichen Frieden und Wohlstand beeinträchtigt. Es ist leicht, tolerant zu sein bei Dingen, die einen nur indirekt betreffen. Es ist viel schwieriger, tolerant zu sein, wenn die eigene Selbstverwirklichung dadurch eingeschränkt wird.

Intoleranz wird dagegen als ein grundlegendes Übel unserer Zeit gesehen. Intolerant zu sein bedeutet übersetzt „nicht ertragen" oder „nicht zulassen". Man könnte auch „sich wehren" dazu sagen. Das Dilemma ist: Wenn man nicht alles über sich ergehen lassen will, dann kann man es nicht vermeiden, intolerant zu sein. Doch wo liegt die Grenze? Wie viel kann man noch ertragen? Sollte man das Autofahren verbieten, weil es die Luft verpestet und die Erde erwärmt? Sollte man das Rauchen verbieten, weil es Passivrauchern schadet? Sollte man Drogen verbieten, weil deren Opfer von der Allgemeinheit finanziert werden müssen? Sollte man Lärm vom Nachbarn ertragen, obwohl man deswegen nicht einschlafen kann? Sollte man es ertragen, wenn einem in der Nacht immer die Bettdecke weggezogen wird? Sollte man eine Vergewaltigung ertragen? Sollte man sich gegen eine Kriegsarmee, die das eigene Land überfällt, wehren? Sollte man Finanzspekulation reglementieren, weil dabei einfachen Arbeitern der Lohn ihrer Mühe genommen werden kann? Sollte man Religion verbieten, weil sie in mancherlei Augen unbehagliche Aussagen macht? Sollte man materialistisch-deterministischen Atheismus verbieten, weil er den Menschen zur Maschine macht?

In manchen Fällen ist es empfehlenswert, tolerant zu sein. In anderen Fällen ist es empfehlenswert, intolerant zu sein. Wo genau die Grenze liegt, kann nur von Fall zu Fall neu betrachtet werden.

Die manipulative Macht besteht nun darin: Obwohl der Verstand prinzipiell weder „Toleranz“, noch „Intoleranz“ bevorzugt, gilt Toleranz moralisch und intellektuell als überlegen. Toleranz klingt positiv, weil meist Begriffe wie Frieden, Gewaltfreiheit und friedliches Nebeneinander damit verbunden werden. Allerdings führt an vielerlei Stelle gerade Intoleranz zu Frieden und Gewaltfreiheit und schützt das friedliche Nebeneinander. Doch wer sich heute Toleranz auf die Fahnen schreibt, der ist automatisch auf der richtigen Seite. Schnell verstummen kritische Stimmen, denn keiner will die Harmonie zerstören. Schnell steht man im Abseits, wenn man als intolerant bezeichnet wird.

Die häufige Betonung von Toleranz schwächt das Selbstbewusstsein des vermeintlich Intoleranten. Sie führt zu Konfliktscheuheit. Sie weicht den Schutz auf, sich gegen Fehlentwicklung wehren zu können. Wenn die Toleranz vorschlägt, keine festen Positionen mehr zu beziehen, ist es umso leichter, die Ansichten und Hoffnungen der Menschen zu verschieben.

Der allgegenwärtigen Manipulation kann man sich nicht entziehen

Manipulation kann man sich nicht entziehen, weil die Täuschung nicht unbedingt in einer Fehlinformation liegen muss, die man als falsch entlarven könnte. Geschickter ist es, einfach eine den persönlichen Interessen dienende Vorauswahl an Information zu thematisieren. Verschwiegene Fakten machen nicht misstrauisch. Das ist oft auch das Problem an Studien und Statistiken, die in einem wissenschaftlichen Gewand präsentiert werden. Ein Globalisierungsbefürworter kann eine Statistik benutzen, um zu zeigen, dass durch die Globalisierung während der letzten 25 Jahre in einem bestimmten Land das Durchschnittseinkommen anstieg. Ein Globalisierungskritiker kann dieselbe Statistik benutzen, um zu zeigen, dass das Durchschnittseinkommen in diesem Land durch die Globalisierung im Vergleich zu anderen Ländern sank. Der unscheinbare Zusatz „im Vergleich zu anderen Ländern“ lässt die Sachlage in einem völlig anderem Licht erscheinen. Die Frage ist, wie Fakten präsentiert werden und welche Randbedingungen gesagt und welche verschwiegen werden. Die eben erwähnte Statistik dient entgegengesetzten Meinungen, je nachdem, wie die Zahlen präsentiert werden. Gleiches gilt für Fotos, die von kontrovers diskutierten Ereignissen oder Krisenregionen präsentiert werden. Man sieht das eigentliche Ereignis nur ausschnittweise. Der präsentierte Ausschnitt kann bestimmten Interessen dienen oder entgegenwirken.

Weil der Verstand nicht dazu fähig ist, bestimmt der Eigenwille von Personen die Richtung. Je mehr man glaubt, dass die Vernunft herrscht, desto argloser passt man seinen Willen dem der Einflussreichen an.

Ist man den Vorgaben mächtiger Personen hilflos ausgeliefert? Wie kann man noch ruhig schlafen, wenn man erkannt hat, dass ein wesentlicher Teil des eigenen Denkens und Handelns von anderen vorgegeben wird? Wie kann man trotz allem noch Gewissheit bekommen? Wer alle Behauptungen, die einen selbst betreffen, verstandesmäßig nachvollziehen will, wird schnell scheitern. Die Diagnose eines Arztes könnte erst nach jahrelangem Studium nachvollzogen werden. Um das Einsteigen in ein Flugzeug verstandesmäßig abzusichern, bräuchte es über Jahre gewonnenes ingenieurtechnisches Wissen. Um sein Leben verstandesmäßig abzusichern, bräuchte man mehr Zeit als das Leben dauert. Zu Gewissheit gelangt man im Leben deshalb in erster Linie durch Vertrauen. Man muss dem Arzt vertrauen. Man muss den Ingenieuren vertrauen, wenn man in ein Flugzeug steigt. Man muss dem Politiker vertrauen, wenn man ihm die Zukunft seines Landes überlässt. Ohne Vertrauen könnten Bäcker und Wissenschaftler keine Arbeitsteilung praktizieren. Ohne Vertrauen geht es nicht.

Die entscheidende Frage lautet also oftmals nicht: „Wie verhält sich diese oder jene Sache?“, sondern: „Wem kann vertraut werden?“ Für diese Frage braucht es nicht nur reine Logik, sondern auch Menschenkenntnis. Wichtige Hilfsfragen dabei sind: „Ist die Person ernstzunehmend? Ist die Person kompetent? Ist die Person wohlwollend? Ist die Person aufrichtig?“

Eine tiefere Vertrauenswürdigkeit macht sich an folgenden Fragen fest: *„Will die Person mein Bestes und nimmt dafür gegebenenfalls eigene Nachteile in Kauf? Oder will sie in erster Linie ihr Bestes und nimmt dafür gegebenenfalls meine Nachteile in Kauf? Liebt mich die Person?“* Je mehr jemand bereit ist für einen anderen aufzugeben, desto vertrauenswürdiger ist er. Es werden viele Tricks angewendet, um diese hohe Form der Vertrauenswürdigkeit vorzutäuschen. Denn wem vertraut wird, der hat Macht. Man vertraut, weil man davon ausgeht, dass diese Macht zum Guten eingesetzt wird.

Das Leben konfrontiert uns ununterbrochen mit Situationen, in denen die Frage nach der Vertrauenswürdigkeit beantwortet werden sollte. Sobald der Arzt sagt „Nimm das Medikament, sonst wird es dir schlecht gehen“ sollte man sie beantworten. Genauso, sobald der Händler sagt: „Kaufe, denn es ist ein gutes Geschäft“ oder der Banker: „Investiere, sonst wird dein Geld morgen nichts mehr wert sein“, der Freund: „Vertraue diesem und jenem Arzt, denn er stellt gute Diagnosen“, der Wissenschaftler: „Höre auf, Auto zu fahren, sonst wächst bald keine Nahrung mehr“, der Prophet: „Kehr um, sonst wird Gott dich richten“. Das sind gewichtige Behauptungen. Von ihnen hängt Freude und Leid ab. Sie schließen Neutralität aus.

Voraussetzung dafür, die Vertrauenswürdigkeit einschätzen zu können, ist, dass man sich mit der betreffenden Person auseinandersetzt und ernsthaft untersucht, was sie sagt und von sich preisgibt. Für die Lebenswirklichkeit ist nicht nur wichtig, was man glaubt, sondern auch wem man glaubt. Vertrauen ist nicht einfach. Denn wer vertraut, macht sich angreifbar. Wer nicht vertraut, ist hilflos und einsam.

5. Warum die frohe Botschaft der Bibel froh ist

Zahlreiche Personen, Organisationen und Bücher behaupten von sich, Wissen über Gott zu vermitteln. Es wäre falsch, kritiklos einfach das Gottesverständnis zu übernehmen, welches in der eigenen Kultur üblich ist. Die Ausgangssituation, die in allen Kulturen gleich ist, ist, dass wir in eine Welt geboren wurden, die trotz allem Leid auch viel Schöncs bietet, für das man dankbar sein kann. Für den Großteil der Dinge, die unser Leben ausmachen, haben wir nichts getan. Die Luft, die wir atmen, der Körper, in dem wir leben oder die Früchte, die wir ernten – all das haben wir uns nicht verdient, sondern bekommen es von außen. Es ist naheliegend, die Ursache dieser Schönheiten zu suchen. Wer das tut, dem ist in der Bibel versprochen: „Wenn du Gott, den Herrn, von ganzem Herzen und von ganzer Seele suchen wirst, dann wirst du ihn finden.“[30]

Einige sehen keine Veranlassung für die Suche, fühlen sich auch ohne eine Beziehung zu Gott wohl und freuen sich des Lebens. Sie ernähren und freuen sich an Sachen, die von außen kommen und für die sie nichts getan haben. Sie nehmen die Geschenke, lehnen aber die Suche nach einem möglichen Geber ab.

Das klassische Erscheinungsbild von Religion schreckt oft ab

Ein Hindernis bei der Suche nach Gott ist, dass viele Menschen von Religion abgeschreckt sind. Was soll man von Religion und Kirche erwarten, wo doch das eigentliche Leben anderswo aufblüht? Religion tritt oft auf groteske Weise in Erscheinung. In ausgefallener Kleidung werden andächtige Prozessionen und undurchsichtige Rituale von allzu menschlich und fehlbar wirkenden Priestern und Mönchen durchgeführt. Als skeptischer Beobachter kann man sich nicht so richtig vorstellen, dass sich dahinter etwas Heiliges verbergen sollte, dem man sich ohne weiteres Nachfragen unterwerfen sollte. Imposante Bauten und prunkvoll verzierte Gegenstände mögen bezaubern, sind aber letztlich auch nur von Menschenhand erschaffen.

Auch was moralische und ethische Standards angeht, zeigt sich keine offensichtliche Notwendigkeit für Religion. Es gibt Atheisten, die liebevoller, moralischer und gerechter leben als viele Christen. Zu allem Überfluss hat die Geschichte zahlreiche Beispiele für religiösen Missbrauch erlebt. Beispiele von hierarchischen Institutionen, Machtspielen und Heuchelei. Interessant, dass sogar selbst die Bibel zu religiösen Menschen sagt: „Euretwegen wird der Name Gottes von den Völkern verspottet."[31]

Was heute als Christenheit, sei es in oder außerhalb einer Kirche, existiert, ist eine vielfältige Mischung unter anderem aus biblischen, griechischen und animistischen Einflüssen. Doch Gott ist nicht gleichzusetzen mit Kirche. Wenn man zwischen Christenheit, Kirche und dem, was die Bibel über den Glauben sagt, unterscheidet, ergibt sich an vieler Stelle ein überraschendes Bild.

Die Bibel versteht sich als Offenbarung Gottes

Die Bibel versteht sich als Offenbarung Gottes. Das heißt, dass sie zwar von Menschen aufgeschrieben wurde, aber Gott die Quelle des Inhalts ist[32]. Wenn auch die

Realität nicht viel von sich preisgibt, Gott tut es schon. Er schweigt nicht. Das Unwissen und die Probleme der Menschen sind ihm nicht egal. Er überlässt uns nicht uns selbst.

Es stellt sich die Frage, wie wir eine Offenbarung als von Gott gegeben identifizieren können. Wenn Jesus in der Bibel von einem Leben nach dem Tod, von Himmel und Hölle spricht, wie sollen wir dann prüfen, ob es das überhaupt gibt? Wir können es nicht selbst prüfen. Doch deshalb ist die Aussage von Jesus im Hinblick auf einen Erkenntnisgewinn für uns nicht wertlos. Denn nun sind wir konfrontiert. Wir sind konfrontiert mit einer Person, die behauptet, etwas über die großen Fragen zu wissen. So etwas behauptet man nicht einfach so. Man behauptet es immer mit einem bestimmten Ziel. Vielleicht ist das Ziel, mit einer erfundenen Geschichte Macht über andere Menschen auszuüben. Vielleicht ist das Ziel aber auch, seine Mitmenschen aus Mitleid zu warnen. Es hängt davon ab, ob die behauptende Person gutmütig oder bösartig ist. Und das wiederum lässt sich schon untersuchen. Es ist zwar nicht alles von Jesus überliefert, aber doch genug, um sich ein Urteil bilden zu können. Passt es zu Jesus Charakter, seine Mitmenschen mit einer bedrohlichen Aussage über das Jenseits knechten zu wollen? Passt es zu jemand, der bereit war, für seine Aussagen zu sterben?

Solchen Fragen können wir uns nähern. Wir stehen demnach weniger vor der Frage: „Kann ich die Existenz von

Himmel und Hölle beweisen?“, sondern vor der Frage: „Ist Jesus vertrauenswürdig?“

Voraussetzung dafür ist natürlich, dass die biblischen Berichte historisch zuverlässig sind, das heißt, dass die Geschichten nicht erfunden oder wesentlich verfälscht wurden. Unter anderem F. F. Bruces empfehlenswertes Buch *Das neue Testament*[33] oder Josh McDowells *Jesus von Nazareth*[34] zeigen, dass man davon ausgehen kann.

Was hat Jesus überhaupt konkret gesagt? Und in welchen biblischen Kontext sind seine Aussagen eingebunden? Die nächsten Abschnitte fassen den wesentlichen Inhalt der Bibel zusammen. Außerdem wird Jesus Christus als Hauptperson der Bibel vorgestellt und so ein erster Blick auf seine Vertrauenswürdigkeit geworfen. Die Ausführungen sind dabei aus Sicht der Bibel formuliert.

Warum Gott den Menschen erschuf

Warum hat Gott, bildlich gesprochen, überhaupt auf den Startknopf gedrückt? Was hat ihn dazu bewogen, Menschen zu erschaffen? Damit sie sich an bestimmte Regeln halten? Wie langweilig. Damit sie sich kurz freuen und dann erlöschen? Wie tragisch. Damit sie vor sich hinleben und machen, was ihnen in den Sinn kommt? Wie sinnlos. Gott konnte die Katastrophe der Menschheit doch voraussehen? Wieso hat er die Schöpfung nicht einfach bleiben lassen? Er sah doch den vielen Schmerz, die Armut, den Hunger, die Kriege, den Liebeskummer, die zerbrochenen Herzen, die Resignation, die Gleichgültigkeit, den Egoismus, den Streit, die Einsamkeit und die Sorgen voraus? Wie konnte Gott nur Menschen erschaffen? Was rechtfertigt unser Dasein? Was im menschlichen Leben das Höchste, Schönste und Größte ist, war auch für Gott der höchste, schönste und größte Grund, den Menschen zu erschaffen: Die Liebe.

Von Schönheit und Schrecken der Liebe

Mit Liebe ist allerdings nicht das abgedroschene Allheilmittel gemeint, das schöngeistig vorschlägt: „Liebe deine Mitmenschen, dann wird alles besser. Liebe deinen Partner, dann wirst du glücklich."

Liebe kann einen nicht nur das Schönste erleben lassen in Form einer Beziehung, sondern auch das Schlimmste in Form einer zerbrochenen Beziehung. Mit Liebe ist nicht zu spaßen. Sie ist nichts, mit dem man arglos umgehen könnte. Nichts, was unbedacht verschenkt werden sollte. Etwas, vor dem man erschrecken sollte. Im innerlich zerfetzenden Liebeskummer fragt man sich, ob dieser Schmerz die Liebe wert ist. Nur weil die Liebe so große Freudengebäude wie nichts anderes aufbaut, wird der Schmerz ermöglicht, der beim Einriss derart großer Gebäude entsteht. Das Ausmaß der Schmerzen zeigt den großen Wert der Liebe. Was beim Zerbruch nicht wehtut, war nichts wert.

Gott will uns nicht nur dabei zusehen, wie wir uns gegenseitig lieben. Er will, dass wir ihn lieben. Gott hat sich ein Gegenüber geschaffen, das er lieben kann und das ihn lieben kann. Das war der Grund, warum er sich trotz allem dazu entschlossen hat, uns zu erschaffen. Das ist unsere Daseinsberechtigung. Die Bibel drückt es so aus: „Du sollst den Herrn, deinen Gott, lieben von ganzem Herzen, von ganzer Seele, mit ganzem Verstand und mit aller Kraft.“[35]

Das Herz, die Seele, der Verstand, die Kraft – diese Schätze können in einem unkontrollierten Anflug von Zuneigung und Verliebtheit an andere Personen gehängt werden. Größer ist es aber, wenn man nicht einfach nur seinen wechselhaften Gefühlen folgt, sondern die Liebe zum Ausdruck bringt, indem man sich unabhängig von Hoch- und Tiefphasen für eine Person entscheidet. Wegen der Person selbst und nicht nur wegen einer flüchtigen Leidenschaft an der Person. Man sichert damit zu: Egal was passiert, meine Liebe bleibt.

Das wünscht sich Gott von uns. Er schuf sich ein Gegenüber, das sich für oder gegen ihn entscheiden kann. Er hätte uns auch so schaffen können, dass wir zwangsläufig mit ihm leben. Aber dann wäre unsere Liebe nichts wert. Erzwungene Liebe ist nichts wert. Gerade die Möglichkeit, uns aus uns heraus für oder gegen ihn zu entscheiden, macht uns wertvoll und bedeutsam. Wir sind im wahrsten Sinne des Wortes von entscheidender Bedeutung. Entweder Gott schafft uns als Wesen, die zwangsläufig alles richtig machen. Dann sind wir allerdings Nullen, von denen nichts abhängt. Oder Gott schafft uns mit der Möglichkeit, uns zu entscheiden. Dann birgt das allerdings auch die Gefahr, dass wir uns gegen ihn entscheiden. Dieser Fall ist eingetreten. Der Großteil des Leides, der Armut und der Kriege kann auf falsche Entscheidungen von Menschen zurückgeführt werden. Aus dieser Perspektive wird auch plausibler, warum es bei einem guten Gott trotzdem so viele schlechte Sachen in der Welt gibt.

Freiheit existiert nicht ohne Verantwortung

Unsere Möglichkeit der Entscheidung macht unser Leben faszinierend und reich. Es hängt von uns ab, ob es vielfältig, kreativ und immer wieder neuartig ist. Das Leben kann von uns in allen seinen Facetten aktiv gestaltet werden. Krieg oder Frieden hängen von uns ab. Genauso Gewalt oder Dialog. Kommunismus oder Kapitalismus. Aristoteles oder Platon. BILD oder Süddeutsche. Katastrophenhilfe oder Untätigkeit. Postkarte oder E-Mail. Betrunken oder Nüchtern. Aufstehen oder Liegenbleiben. Kathrin oder Julia. Markus oder Phillipp. Und schließlich Sarg oder Urne.

Wer man heute ist und wo man im Leben steht, hängt zwar nicht nur, aber doch maßgeblich von den bisherigen Entscheidungen ab.

Wenn wir entscheiden können, dann haben wir auch Verantwortung. Denn ob man Krieg oder Frieden, Monokultur oder Vielfalt, Kathrin oder Julia wählt: Jede Entscheidung zieht Freude und Leid für sich selbst und für andere nach sich.

Wenn wir Verantwortung haben, dann gibt es auch Schuld. Auf diese Weise ist Freiheit und Schuld verbunden. Wer sich als frei entscheidendes Wesen sieht, der kommt auch um eine mögliche Schuld nicht herum. Wer Schuld als nicht real bezeichnet, der gibt damit auch seine Freiheit auf.

Die Flucht vor der Schuld

Schuld ist ein zutiefst menschlicher Begriff. Man muss niemandem erklären, was er bedeutet, denn seine Bedeutung ist im Menschen veranlagt. Kinder und Erwachsene, Gebildete und Ungebildete verstehen das Phänomen Schuld. Es berührt den Kern des Menschseins. Deutlich wird das an den großen Anstrengungen, die unternommen werden, um vor den Anklagen des Gewissens zu flüchten. Menschen sind stets darum bemüht, ihre Taten zu rechtfertigen. Es ist menschlich, einem Gerechtigkeitsmaßstab, an dem sich Schuld messen lässt, genügen zu wollen. Es ist ein qualvoller, manchmal unerträglicher Zustand, von diesem Gerechtigkeitsmaßstab angeklagt zu werden. Es ist schmerzvoll, sich bewusst zu sein, das Falsche getan zu haben. Um diesem Schmerz zu entkommen, suchen Menschen nach Rechtfertigungen oder verdrängen die schmerzvollen Gedanken. Wenn einen das Gewissen anklagt, dann nimmt man leicht Unvernunft und Irrationalität in Kauf, nur um sich zu rechtfertigen.

Beispielsweise rechtfertigt man Selbstsucht, indem man auf die Selbstsucht anderer verweist: „Ich darf das, weil mir das auch schon angetan wurde." Doch die Selbstsucht des anderen macht nicht die eigene Selbstsucht zu etwas Gutem. „Aber das macht doch jeder!", wird behauptet. Möglicherweise stimmt die Behauptung, doch deswegen ist es noch nichts Gutes. Gleiches gilt für die Behauptung „Wenn ich es nicht mache, dann macht es jemand anderes." Denn nur weil es andere machen, ist es noch nicht gut. Mit solchen Rechtfertigungen kann u.a. auch die Ausbeutung von Arbeitskräften und Entwicklungsländern moralisch erhoben werden. Denn „Wenn wir nicht ausbeuten, dann beuten andere aus."

Irrationale Rechtfertigungen gibt es auf jedem intellektuellen und moralischen Niveau. Auch Bosheit kann gerechtfertigt werden, indem man sagt: „Letztlich sind wir nur höhere Tiere. Außerdem existiert Gut und Böse gar nicht." Mafia-Killer rechtfertigen ihre Morde, indem sie sich sagen, sie seien auf der richtigen Seite in einem ehrenhaften Krieg. In brutaler Konsequenz lässt sich sogar rassistischer Völkermord rechtfertigen. Nämlich mit der Begründung, dass es im Laufe der Evolution der Menschheit immer zum Besten gedient hat, wenn Schwächere starben und sich Stärkere durchgesetzt haben.

Gott ist ein Gott der Gerechtigkeit

Der Gott der Bibel ist ein gerechter Gott. Das bedeutet, dass es ihm nicht egal ist, was auf der Erde passiert. Wir können wegsehen von Ungerechtigkeit, Unterdrückung und Ausbeutung in der Welt, aber Gott sieht das alles.

Er sieht, dass wir uns gegenseitig ausbeuten, ausnutzen, anlügen – den ganzen Egoismus. Er steht dem nicht gleichgültig gegenüber. Er ist keine Witzfigur, bei der man tun und lassen könnte, was man will, ohne dass es Folgen hätte. Jeder Mensch wird sich vor ihm rechtfertigen müssen. Verbrecher und Ungerechte werden nicht davonkommen.[36]

Die Bibel spricht von einem Endgericht, in dem alles offengelegt wird und Gott für endgültige Gerechtigkeit sorgen wird. Jeder wird bekommen, was er verdient. Wir Menschen sind verantwortlich, ob Gutes oder Schlechtes die Welt kennzeichnet. Gott wird schließlich alle Konten ausgleichen, Gutes belohnen und Schlechtes bestrafen. Er wird für Gerechtigkeit sorgen, wo Gerechtigkeit im Diesseits nicht zu finden ist.

Ein solches Endgericht kennt man von vielen Religionen. Es gibt allerdings einen wesentlichen Unterschied in der Bibel: Sie sagt, alle haben gesündigt, werden für ihre Schuld verurteilt und kommen nicht in den Himmel. Keiner ist vor Gott gerecht. Alle haben gesündigt und gehen deshalb verloren und blicken einer Ewigkeit in der Hölle entgegen[37]. Gott hat uns Menschen die Freiheit gegeben, auch Schlechtes tun zu können und wir haben es getan.

Nicht ein Einziger kann Gott durch sein sündloses Leben erfreuen. Der Zorn Gottes über unsere Sünde, unsere Ungerechtigkeit, unseren Egoismus und unsere Undankbarkeit liegt auf jedem Einzelnen und wartet darauf, loszubrechen.[38] Gott wird sich nicht unserer Ungerechtigkeit anpassen und gleichgültig wegsehen. Wir sollten uns eher seiner Gerechtigkeit anpassen. Die Erde, die wir zugrunde gerichtet haben, ist ein Vorbote, dass uns ein schreckliches Gericht erwartet. Jesus beschreibt die Hölle als „Äußerste Finsternis, wo das Weinen und Zähneknirschen sein wird."[47] und „ein ewiges Feuer."[48]

Gott ist ein Gott der Liebe

Das ist die Situation, in der Gott sich befindet. Als gerechter Gott müsste er die Menschheit aufgeben und der Verlorenheit in der Hölle überlassen. Allerdings nimmt er die Verlorenheit der Menschen nicht kühl zur Kenntnis, sondern sie tut ihm unsäglich weh. Denn neben seiner Gerechtigkeit charakterisiert ihn auch seine Liebe zu uns. Seine Liebe bedeutet, dass er uns um keinen Preis in der Hölle sehen will. Er liebt uns unabhängig von unseren schlechten Taten und Gedanken und will das Beste für uns. Selbst wenn man ihn ignoriert und sündigt, liebt er einen. Seine Liebe ist bedingungslos. Er liebt auch die Perversesten und will keinen bestrafen. Er liebt sogar die Heuchler, die Mörder und die Kinderschänder. Er hasst die Sünde, aber er liebt den Sünder. Er hasst Kinderschändung, aber er liebt den Kinderschänder. So schlimm sind die meisten zum Glück nicht, aber grundsätzlich gilt: Man kann gar nicht so verdorben und schuldig sein, dass Gott einen nicht mehr lieben würde. Gott nimmt einen an, egal was man hinter sich hat. Er ist wie ein Vater, der sein Kind in den Arm nimmt und liebt, egal ob es gewaschen oder von oben bis unten mit stinkendem Schlamm beschmutzt ist. Manche Menschen sind sich selbst nicht gut genug, nicht schön genug, nicht stark genug und sie fühlen sich nicht angenommen. Denen sagt Gott: „Mir bist du genug. Du musst keine Gegenleistung bringen, ich liebe dich ganz einfach, weil du da bist." Gottes größter Wunsch ist es, dass alle die Ewigkeit mit ihm verbringen.

Gerechtigkeit und Liebe stehen im Gegensatz zueinander

Wenn man beide Eigenschaften, Gerechtigkeit und Liebe, nebeneinander stellt, dann ergibt sich ein Widerspruch. Gerechtigkeit und Liebe stehen im Gegensatz. Gottes Gerechtigkeit sagt: Alle haben gesündigt und verdienen die Hölle. Gottes Liebe sagt: Ich liebe alle; alle sollen zu mir in den Himmel.

Der Gegensatz wird anschaulich, wenn man sich eine Szene in einem Gerichtssaal vorstellt: Auf der einen Seite der Richter, auf der anderen Seite der schuldige Angeklagte. Er hat beispielsweise eine Bank überfallen und das Geld verprasst. Verschiedene Möglichkeiten sind vorstellbar: Entweder der Richter liebt den Angeklagten, lässt Barmherzigkeit walten und lässt ihn frei. Das wäre allerdings nicht gerecht. Denn der Angeklagte hat immerhin das Geld verprasst, für das andere hart gearbeitet haben. Oder aber der Richter ist gerecht und verurteilt den Angeklagten. Dann kann er aber nicht gleichzeitig auch barmherzig sein. Er muss sich für eines entscheiden.

In diesem Dilemma befindet sich Gott: Entweder Liebe oder Gerechtigkeit, aber beides geht nicht. Was für ein tragischer Zwiespalt! Wer kann ihn lösen?

In Jesus Christus vereint Gott Gerechtigkeit und Liebe

Um aus diesem Dilemma zu retten, unternahm Gott – motiviert von aufopferungsvoller Liebe – etwas für ihn sehr Schmerzvolles und Erniedrigendes: Er wurde ein

Mensch und hat die Strafe, die wir Menschen gerechterweise verdient hätten, selbst getragen. Das ist Jesus Christus.[39] Gott wurde als Jesus Christus Mensch und hat sich an unserer Stelle kreuzigen lassen. Die Todesstrafe, die uns erwartet, hat er auf sich genommen.[40] Durch den Tod am Kreuz hat Gott Liebe und Gerechtigkeit zusammengebracht. Auf der einen Seite ist er nach wie vor gerecht: Er belohnt Gutes und er bestraft Schlechtes. Allerdings mit dem Unterschied, dass er jetzt nicht mehr uns, sondern sich selbst bestraft. Stellvertretend für uns. Dadurch hat die Liebe nun freie Bahn. Es steht nichts mehr zwischen dem schuldigen Menschen und Gott. Gott sieht ihn als gerecht an, obwohl er gesündigt hat. Die Tür zum ewigen Leben im Himmel ist offen. Der Vertrauensbruch zwischen Gott und Mensch ist gesühnt. Keine Schuld, keine Sünde, kein Lügen, Betrügen und Morden, kein Versäumnis, kein selbstsüchtiger oder überheblicher Gedanke, keine Ungerechtigkeit, keine Verachtung, keine Eigensucht, nichts steht mehr zwischen uns Menschen und Gott. Jesus hat für die Schuld vergangener Zeiten, der Gegenwart und der Zukunft ein für alle Mal bezahlt[41].

Was Gott getan hat, ist zu vergleichen mit einem Richter, der das gestohlene Geld aus eigener Tasche bezahlt, damit er den Angeklagten frei lassen kann. Jesus sagte: „Wer unter euch der Erste sein will, der soll allen anderen dienen. Genauso wie ich nicht gekommen bin, um bedient zu werden, sondern um zu dienen und mein Leben zu geben als Lösegeld für viele.“[42]

Vor 2000 Jahren waren die Menschen mit einer Person konfrontiert, die behauptete: „Ich bin der Weg, die Wahrheit und das Leben. Niemand kommt zum Vater als nur durch mich.“[43], „Wer mein Wort hört und dem glaubt, der mich gesandt hat, der hat ewiges Leben und kommt nicht ins Gericht, sondern er ist aus dem Tod in das Leben übergegangen.“[44] und „So sehr hat Gott die Welt geliebt, dass er seinen eingeborenen Sohn gab, damit jeder, der an ihn glaubt, nicht verloren geht, sondern ewiges Leben hat.“[45] Wer kann so etwas behaupten? Sind es die Aussagen eines Größenwahnsinnigen? Eines Lügners? Eines Verrückten? Oder spricht tatsächlich Gott selbst? Die Behauptungen sind zu weitreichend, als dass man sich ihnen teilnahmslos stellen könnte.

Die Menschen damals konnten ihm in die Augen sehen, mit ihm reden und ihn kennenlernen. Sie konnten unmittelbar untersuchen, mit was für einer Person sie es zu tun hatten. Ob sie vertrauenswürdig war oder Böses im Schilde führte. Heute kann man Jesus anhand der Zusammenfassung seines Lebens, aufgeschrieben in den vier Evangelien, untersuchen. Wer Gott kennenlernen will, kann sie lesen mit der ernsthaften Frage: Ist Jesus vertrauenswürdig, das heißt: Kann man ihm glauben?

Kommen also, weil Jesus für alle Schuld bezahlt hat, alle in den Himmel? Nein, denn Gott geht es nicht in erster Linie um ein Schuldenkonto, welches der Mensch bei ihm hat. Die Schuld war nur das tragische Hindernis, welches eine Trennmauer zwischen Schöpfer und Geschöpf baute[46]. Gott ist froh, wenn sie weg ist und nicht mehr daran gedacht wird, denn dann erst kann sich die Schönheit seines Plans mit den Menschen entfalten. Indem er am Kreuz alles Trennende abgeschafft hat, gibt er jedem Menschen die Chance, sich unbelastet von Leistungszwängen für oder gegen ihn zu entscheiden. Erst durch das Kreuz muss man Gott nichts mehr bringen. Erst dadurch muss man nicht mehr besonders religiös sein, um vor Gott bestehen zu können. Erst dadurch muss man nicht besonders gut, rein oder heilig sein, um von Gott angenommen zu werden. Erst dadurch kann Gott jeden lieben, unabhängig von den Sünden, die man begangen hat. Erst dadurch ist eine unbelastete Beziehung zwischen Gott und Mensch möglich. Eine mögliche Angst, Gott nicht genügen zu können, hat er am Kreuz ausgeschlossen. Jesus hat am Kreuz eine Liebesbeziehung zu Gott möglich gemacht, die nicht vom unterschwelligen Druck begleitet ist, einmal für begangene Sünden bestraft zu werden.

Was bleibt, ist ein Angebot, das Gott durch Jesus Christus jedem Mensch macht: „Willst du mit mir leben oder ohne mich?" Aus dieser Entscheidung ergibt sich das ewige Schicksal des Einzelnen. Wer an Jesus glaubt, der kommt in den Himmel. Wer nicht an ihn glaubt, der geht verloren. An Jesus scheidet es sich. An ihm hängt unsere Ewigkeit.

Wir sind von unserer Schöpfung her darauf angelegt, mit Gott zu leben. In unserem Herzen gibt es einen leeren Raum, der sich danach sehnt, gefüllt zu werden und der ruft: „Irgendwas muss es da im Leben noch geben. Irgendwo muss noch mehr sein. Irgendwann muss ich es haben, anstatt ihm immer nur nachzujagen.“ In diesen Raum passt Gott. Er füllt ihn aus und stillt die Sehnsucht. Gott kann ihn im Gegensatz zu den vielen verlockenden Angeboten, die das Leben anbietet, angemessen ausfüllen, weil er diesen Raum extra für sich geschaffen hat.

Gott tut alles, um unser Herz zu gewinnen, aber er zwingt uns nicht. Er lässt uns nach wie vor die Möglichkeit, uns gegen ihn zu entscheiden. Sein erstes Geschenk ist, dass er uns mit einem wunderbaren Körper und einer einzigartigen Persönlichkeit ausgestattet hat. Dann dürfen wir uns an der unfassbar vielfältigen Natur und an der Schönheit anderer Menschen freuen. Weil uns das nicht zum Danken veranlasst hat, sondern wir stattdessen sogar unzufrieden wurden, hat Gott immer wieder Propheten geschickt, die vor gottlosen Wegen warnten. Sie sagten: „Gott freut sich nicht am Tod des Gottlosen. Deshalb kehrt um und lebt.“[49] Gott bemüht sich darum, dass der Mensch von seinen selbstzerstörerischen Wegen zu ihm umkehrt. Schließlich, als aus Sicht der Gerechtigkeit schon alles verloren war, kam er selbst und wurde nicht nur verspottet und abgewiesen, sondern sogar getötet. Er hat uns auf vielerlei Weise umworben. Seine Liebe ging so weit, dass er sein Leben für uns eingesetzt hat. Mehr kann er nicht tun. Der Höchstpreis ist bezahlt. Trotzdem wurde er abgelehnt. Irgendwann ist das Liebeswerben vorbei und vielen Menschen wird er einmal sagen: Ich kenne euch nicht.[50]

Aus dieser Perspektive klärt sich die Frage, warum Gott die Menschen in nur zwei Gruppen – nämlich die Verlorenen und die Geretteten – einteilt, obwohl man offensichtlich nicht sagen kann, dass es auf der einen Seite die moralisch Guten und auf der anderen Seite die moralisch Schlechten gäbe. Die Moral der Menschen tritt in allen Schattierungen und Nuancen auf, von gut bis böse ist in kontinuierlichem Übergang alles vorhanden. Aber eine bewusste Entscheidung für Jesus zu treffen ist ein konkreter Schritt. Man kann sich prüfen, ob man diesen Schritt getan hat oder nicht. Der Himmel hängt nicht daran, wie gut oder schlecht man war, wie stark man glaubte oder wie hingegeben man lebte. Sondern er hängt daran, ob man sich für Jesus entschieden hat oder nicht.

Der Christ muss nicht mehr beten: „Bitte, Gott, mach, dass ich in den Himmel komme!“ Sondern er kann befreit beten: „Danke, Gott, dass ich in den Himmel komme!“ Denn für den Christ ist der Himmel sicher. Es gibt keine Sünde, keine Versagen und keine Umstände, die ihm seine Errettung wieder nehmen könnten.[51] Zwar sieht auch er Gottes Gericht entgegen, aber wofür sollte Gott ihn noch strafen? Alles, wofür er bestraft werden könnte, wurde bereits von Jesus am Kreuz gesühnt. Gott wird zahlreiche Sünden am Christ feststellen, doch er wird keine davon bestrafen. Denn der Christ sagt: „Ja, ich habe gesündigt. Aber Jesus ist dafür schon bestraft worden." Als Christ gehorcht man Gott nicht, *um* in den Himmel zu kommen, sondern *weil* man in den Himmel kommt.

Manch einer wendet ein: „Dann kann ich ja tun und lassen, was ich will! Dann kann ich sündigen, lügen und betrügen, wie es mir passt. Denn ich komme ja sowieso in den Himmel." Doch warum sollte man das noch tun wollen, wo man doch als Christ seine Sünden als etwas Schlechtes, das Vergebung nötig hat, ansieht? Es geht ja nicht darum, aus Gott so viel Nutzen wie möglich herauszuziehen. Jesus hat sein Leben gerade deshalb gegeben, um uns von dieser eigensüchtigen Denkweise zu befreien. Sein vorrangiges Ziel war nicht, uns schuldenfrei zu machen, sondern mit uns zusammen sein zu können. Er ist aus Liebe für uns gestorben – warum sollten wir ihm mit Gleichgültigkeit antworten?

Zu einer Entscheidung für Jesus gehört, die eigene Schuld zuzugeben. Das kann eine große Hürde sein. Doch hinter dieser Hürde liegt Befreiung. Dahinter liegt eine innere Freiheit, wie sie davor nicht vorstellbar war. Vor Gott kann man Schuld nicht wiedergutmachen. Doch wer sie vor Jesus zugibt, dem ist sie vergeben. Jesus hat dafür bezahlt. Gott wird nicht mehr daran denken. Die Schuld interessiert ihn nicht mehr. Wer seine Fehler offenlegt und zugibt, der ist glaubwürdig. Die Vergebung ist ein Geschenk. Gottes Geschenk besteht darin, dass der Schuldige gerecht gemacht wird.

Zu einer Entscheidung für Jesus gehört Umkehr

Zu einer Entscheidung für Jesus gehört Umkehr. Das heißt, man ist nicht mehr sein eigener Herr, sondern Jesus wird der Herr. Man erkennt ihn damit als den an, der er ist: Der Herr und Gott über alles Existierende. Das beinhaltet auch die Bereitschaft, Dinge, die Jesus als Sünde bezeichnet, nicht mehr zu tun, bzw. Dinge, die ihm gefallen, zu tun.

Die Entscheidung für Jesus ist nichts, was man nebenbei tut. Denn Bedenken können sich dieser Entscheidung entgegenstellen. Es gibt Befürchtungen, dass Gott einem etwas vom schönen Leben wegnehmen will. Dass Gott einengen und die Freude nehmen will. Dass man seinen Verstand verleugnen müsste. Dass leben mit Gott langweilig sein könnte. Doch das Gegenteil ist Gottes Ziel. Er will unser Leben zur Entfaltung bringen. Er will unser Bestes. Er will der dürstenden Seele Wasser geben. Er will dem Trauernden Trost, dem Verlorenen Rettung, dem Sinnlosen Sinn, dem Getriebenen Ruhe, dem Rastlosen Heimat, dem Einsamen Liebe, dem Sorgenbeladenen Frieden, dem Unsicheren Sicherheit, dem Kalten Geborgenheit und dem Verängstigten Freiheit geben. In ihm ist eine Freude, die überrascht. Er verspricht, ein besserer

Herr über unser Leben zu sein, als wir es je sein könnten. Doch Gott verwirklicht diese Versprechen oft anders, als man es sich vorstellt. Denn auch das Leben mit Jesus ist nicht frei von Problemen, Schmerzen und Verzicht. Probleme, Auseinandersetzungen und innere Kämpfe können an mancher Stelle sogar zunehmen. Doch Gottes Wege gehen tiefer. Er weiß, dass Zufriedenheit etwas anderes als Problemfreiheit ist. Er weiß, dass die Erfüllung von Wünschen etwas anderes als innere Erfüllung ist. Er weiß, dass das Leben mehr ist als geordnet zu leben. Er weiß, dass Freude etwas anderes als Spaß ist. Er kennt unsere tiefsten Sehnsüchte. Er geht mit uns Wege, an deren Ende man erst sieht, dass himmlisch frohe Berge und verzweifelt dunkle Täler letztlich besser waren als langweiliges, schmerz- und freudeloses Flachland. Der Weg mit Gott ist vergleichbar mit dem eines Kindes, das sich zwar nicht auskennt, aber an der Hand eines liebevollen aufopferungsvollen Vaters sicher ans Ziel geführt wird.

Einen Anfang machen

Jesus verlangt keine perfekten Christen, die alles richtig machen. Stattdessen hilft er einem, wo man schwach, gefangen oder unbeholfen ist. Wer Christ wird, entscheidet sich nicht für ein Glaubenssystem, einen Moralkodex oder eine Ideologie. Sondern er lernt eine

Person, nämlich Jesus Christus, den lebendigen und eingreifenden Gott, kennen. Ein Glaubenssystem steht fest, eine Person dagegen agiert und überrascht immer wieder aufs Neue.

Jemanden kennen zu lernen ist ein Prozess. Das Wesen und die Eigenheiten des anderen nehmen mit fortschreitender Zeit immer konkretere Formen an. Vertrauen wächst nicht von heute auf morgen, sondern braucht Zeit. Man kann es nicht erzwingen. Aber man kann einen Anfang machen. Jesus will, dass man diesen Schritt tut und ihn persönlich in sein Leben aufnimmt.

Vor diese Entscheidung will ich dich als Leser dieses Buches stellen. Jesus fragt dich: „Willst du mit mir leben?" Wie lautet deine Antwort? Ich bitte dich darum, diese Frage ernst zu nehmen und darüber nachzudenken, um zu einem bewussten Ja, bzw. Nein zu kommen.

Er ist kein kalter Herrscher, sondern ein Gott, an dem man zweifeln kann. Den man lieben kann. Mit dem man ringen, streiten und reden kann. Zu dem man beten kann. Beten bedeutet, Gott in eigenen Worten und möglichst ehrlich zu sagen, was man von ihm erkannt hat, was man von ihm hält, was man an ihm bezweifelt, was man von ihm erwartet und was einen beschäftigt. Mit der Zeit bringt er einem bei, wie man ihm vertraut, betet, nachfolgt und was die Bibel meint.

Was nach der Kreuzigung passierte – Jesus lebt heute

Zum Abschluss des Buches seien die Begebenheiten der letzten Tage von Jesus auf der Erde erzählt. Welche Situation ergab sich damals in Israel, nachdem er gekreuzigt wurde? Seine Jünger hatten alle Hoffnung auf ihn gesetzt. Von den Propheten des Alten Testaments wussten sie, dass ein Retter kommt, der in ihrem mühsamen Lebenskampf für sie siegen wird[52]. In Jesus glaubten sie, diesen Retter erkannt zu haben. Für ihn hatten sie ihre berufliche Existenz und ihren Wohnsitz aufgegeben. Jesus forderte die Leute auf, ihm nachzufolgen, ihn zu lieben und ihm zu gehorchen. Er ließ den Menschen nicht die Möglichkeit, ihn als Propheten oder Mensch, der seiner Zeit voraus war, zu sehen. Denn er forderte das Höchste von den Menschen: Sie sollten ihm ihr Leben schenken[53]. Wie anmaßend, wenn er nur ein Prophet oder ein hochentwickelter Mensch wäre! Aber angebracht, wenn er tatsächlich der Sohn Gottes, der menschgewordene Gott ist.

Doch dann war er plötzlich tot. Genauso wie jeder andere Mensch. Wie deprimierend für die Jünger! Die Karte, auf die sie alles gesetzt hatten, war plötzlich nicht mehr vorhanden. Der Tod, der mächtigste Feind des Menschen, hatte auch ihren göttlichen Retter eingeholt. Jetzt hatten sie weder eine gesicherte Existenz, noch eine Hoffnung auf Rettung. Mit Jesus ging alles, was den christlichen Glauben ausmacht, ins Grab. Denn alle Hoffnungen und Versprechen, von denen er sprach, sind untrennbar mit seiner Person verbunden. Er sagte nicht: „Ihr könnt ewiges Leben bekommen", sondern „Ich bin die Auferstehung und das Leben. Wer an mich glaubt, wird leben, auch wenn er stirbt."[54] Er sagte nicht: „Ich erzähle vom Licht der Welt", sondern „Ich bin das Licht der Welt. Wer mir nachfolgt, der wird nicht in der Finsternis leben, sondern wird das Licht des Lebens haben."[55] Er sagte nicht: „Ich zeige euch die Tür", sondern „Ich bin die Tür. Wenn jemand durch mich hineingeht, wird er gerettet werden."[56] Mit Jesus starb auch seine Rettung. Der Tod schien seine göttlichen Ansprüche widerlegt zu haben. Mit seinem Tod gab es keine Grundlage mehr für die Entstehung des Christentums, denn warum sollte man zu einem Toten beten?

Trotzdem sind die Jünger kurze Zeit später in alle Himmelsrichtungen ausgeschwärmt, und haben dynamisch von Jesus erzählt, bis schließlich im ganzen Mittelmeerraum Millionen von Menschen zu Christen wurden. Wie kam es zu der plötzlichen Wandlung? Woher nahm eine Handvoll mittelloser ungebildeter Leute die Kraft, die ganze damals bekannte Welt zu erreichen und zu verändern, obwohl kurz zuvor derjenige, an dem sie alle Hoffnung festmachten, gestorben war? Wieso nahmen sie dafür Spott, Schläge, Verfolgung, Gefängnis und sogar Tod in Kauf? Für einen Retter, der sie enttäuscht und betrogen hatte? Hatten sie den Verstand verloren? Wieso waren sie dann so überzeugend?

Sie taten es, weil Jesus wieder auferstanden ist. Nachdem er starb, als tot begutachtet wurde, begraben und bewacht wurde, wurde er nach drei Tagen wieder lebendig. Anfangs zweifelten sie noch, doch nach einer persönlichen Begegnung mit ihm stand für die Jünger fest: Jesus ist auferstanden! Der Tod ist besiegt![57]

Weil sie ihn mit eigenen Augen sahen, konnten sie nicht mehr anders, als davon zu reden und die frohe Botschaft in die ganze Welt zu tragen. Die Botschaft, dass es Rettung gibt, weil der Retter lebt. Mit Jesus ist auch die bei seinem Tod verloren geglaubte Hoffnung wieder auferstanden. In ihm ist das neue Leben, das Licht der Welt und die Tür zur Rettung wieder auferstanden. Weil die Jünger ihn wieder lebendig und später in den Himmel auffahren sahen, begannen sie zu verstehen: Das Handeln von Jesus hat am Kreuz nicht aufgehört, sondern dort erst richtig angefangen.

Zugegeben, es ist für uns heute schwer zu glauben, dass Jesus von den Toten auferstanden ist. Auferstehungen passieren nicht. Diese Beobachtung hat sich millionenfach bestätigt. Doch auch die Jünger damals waren nicht dumm. Auch sie wussten, dass Tote nicht auferstehen. Die Auferstehung war kein natürliches Ereignis. Es handelte sich um ein übernatürliches Handeln Gottes, der seine Macht demonstrierte. Seine Macht, die größer ist als der Tod. Jesus hatte sich endgültig als der Retter bewiesen. Und mit ihm sind auch seine Aussagen über Leben und Tod, über Rettung und Gericht auferstanden. Sein Versprechen, zu jeder Zeit der Geschichte einzugreifen, ist mit ihm auferstanden. Ein Toter kann weder handeln, noch helfen. Doch der auferstandene Jesus sorgt nun für das Eintreffen seiner Zusagen.

An der Auferstehung hängt der christliche Glaube, weil es der Glaube an den lebendigen Christus ist. Paulus schrieb dazu später in der Bibel, dass wenn Jesus nicht auferweckt worden ist, dann wäre der Glaube an ihn nichtig. Dann wären seine Nachfolger die Elendsten und Betrogendsten von allen[58]. Für die Jünger war diese Frage unzweifelhaft geklärt, weil sie Jesus mit eigenen Augen erst tot und dann unerwarteterweise wieder lebendig gesehen hatten. Sie setzten hoffnungsfroh ihr Leben aufs Spiel, um möglichst viele Menschen an der befreienden Botschaft teilhaben zu lassen.

Schlusswort

Trotz zahlreicher Erfindungen, wechselnder Philosophien und Gesellschaftssysteme sind die grundlegenden Zwänge und Probleme des Menschseins seit damals gleich geblieben. Damals wie heute stellt sich jedem die existentielle Frage, ob er geliebt oder einsam ist. Damals wie heute zersetzt eine scheinbar nicht zu bändigende Ruhm-, Macht- und Eigensucht das Zusammenleben. Damals wie heute hängt die Lebensqualität weniger von Wissen und materiellem Wohlstand als von einem zufriedenen Herzen ab. Und schließlich thront der Tod damals wie heute als Herrscher über unserem kurzen Leben und lässt es zur Nichtigkeit schrumpfen. Zu einem Hauch, der kurz da ist, um dann wieder zu verschwinden. Jesus hat all das besiegt. Er hat seine Liebe zu uns gezeigt, indem er für unsere Sünden am Kreuz starb. Er besiegt die destruktive Eigensucht, weil er das egoistische Herz jedes gehorsamen Gläubigen verändert. Er besiegt die Unzufriedenheit, weil in der Beziehung zu ihm eine überraschende neue Lebensqualität liegt.[59] Und schließlich hat er durch die Auferstehung den Tod besiegt. Durch ihn bekommt jeder Glaubende ewiges Leben.

Unter dieser Adresse kannst du dir ein kostenloses Neues Testament bestellen:
Christliche Gemeinde
Stichwort „Neues Testament“
Landwehrstraße 34
80336 München

Manche fühlen sich hilflos bezüglich der Frage, was von Jesus zu halten sei. Es empfiehlt sich, Gott um Klarheit zu bitten. Gott ist ein eingreifender Gott, der auf Gebet reagiert und einem Wahrheiten und Zusammenhänge deutlich machen kann.

Als Christ ist es gut, seinen Glauben mit anderen Christen zu teilen. Es gibt verschiedenste Gemeinden und Gruppen, in denen man sich gegenseitig austauschen kann. Wichtig dabei ist, dass dort Jesus und die Bibel im Mittelpunkt stehen.

Für Fragen und Anregungen stehe ich gerne zur Verfügung:
D.Koenig-Meier@gmx.de

Quellen

1 Lennox, John, *Hat die Wissenschaft Gott begraben?*, Wuppertal, R. Brockhaus, 2002.

2 *Bibel*, Sprüche 7,4

3 *Bibel*, Phil. 4,8

4 *Bibel*, u.a. Röm. 11,36, Kol. 1,16-20, Joh. 1, 1. Mose 1

5 Simon, L., Leisenberg, W., *Wissenschaft contra Gott?*, Holzgerlingen, Hänssler, 2007.

6 Dürr, Hans-Peter, Planck, Max, *Physik und Transzendenz*, München, Scherz, 1986.

7 McDowell, Josh, *Die Tatsache der Auferstehung*, Bielefeld, CLV, 2005.

8 Weizenbaum, Joseph, *Künstliche Intelligenz – Vision und Wirklichkeit*, Technische Universität München, Vortrag, 10.05.2007.

9 SPIEGEL ONLINE, *Studien über Gefahren der Handystrahlung gefälscht*, http://www.spiegel.de/netzwelt/mobil/0,1518,555130,00.html, 24.05.2008.

10 SPIEGEL ONLINE, *Klon-Star Hwang hat Studie komplett gefälscht*, http://www.spiegel.de/wissenschaft/mensch/0,1518,392622,00.html, 29.12.2005.

11 McGrath, Alister, *Der Atheismus-Wahn*, Asslar, Gerth Medien, 2007.

12 Dawkins, Richard, *Der Gotteswahn*, Berlin, Ullstein, 2007.

13 Junker, R., Scherer, S., *Evolution – Ein kritisches Lehrbuch*, Gießen, Weyel, 2006.

14 Schaeffer, Francis, *Wie können wir denn leben?*, Holzgerlingen, Hänssler, 1985.

15 Nestvogel, Wolfgang, *Evangelisation in der Postmoderne*, Bielefeld, CLV, 2004.

16 Feuerbach, Ludwig, *Das Wesen des Christentums,* Stuttgart, Reclam, 1994.

17 Heitsch, Ernst, *Xenophanes.* Die Fragmente, München/Zürich, Artemis, 1983.

18 *Bibel,* Apg. 17,28, Tit. 1,12, 1. Kor. 15,33

19 Bell, John Stewart, *Speakable and Unspeakable in Quantum Mechanics*, Cambridge University Press, 1988.

20 Passon, Oliver, *Bohmsche Mechanik*, Frankfurt a. M., Verlag Harri Deutsch, 2004.

21 Dawkins, Richard, *Selfish Gene*, Oxford University Press, 2006.

22 Dawkins, Richard, *River Out Of Eden*, Basic Books, 1996.

23 Dawkins, Richard, Lennox, John, *The God Delusion Debate*, http://www.dawkinslennoxdebate.com, Birmingham/Alabama, Alys Stephens Center, Podiumsdiskussion, 03.10.2007.

24 Oppenheimer, J. R., *On Science and Culture*, Encounter, Oktober 1962.

25 Whitehead, A. N., *Science and the Modern World*, Harvard University Lowell Lectures, 1925.

26 Needham, Joseph, *The Grand Titration: Science and Society in East and West*, Buffalo, N. Y., University of Toronto Press, 1970.

27 Rosa, Hartmut, *Im Wirbel der Beschleunigungsspirale, Spektrum der Wissenschaft,* Februar 2008.

28 Bolz, Norbert, *Die Religion des Letzten Menschen*, Merkur, Nr. 700, August/September 2007.

29 Diels, Hermann, Kranz, Walther, *Die Fragmente der Vorsokratiker*. Griechisch und Deutsch, Berlin, Weidmann, 1956.

30 *Bibel*, 5. Mose 4,29

31 *Bibel*, Röm. 2,24

32 *Bibel*, 2. Tim. 3,16, Matt. 5,18, Luk. 24,44

33 Bruce, F. F., *Das neue Testament: glaubwürdig, wahr, verlässlich,* Lahr, Verlag der Liebenzeller Mission, 1997.

34 McDowell, J., Wilson, B., *Jesus von Nazareth – Tatsachen und Argumente für die Wahrheit der Evangelien*, Neuhausen/Stuttgart, Hänssler, 1995.

35 *Bibel,* Mar. 12,30

36 *Bibel*, u.a. Heb. 9,27, Apg. 17,31, Matt. 5,6, Joh 5,30; 17,25, Dan. 9,14, Psalm 11,7, Röm. 1-3

37 *Bibel*, Röm. 3,23

38 *Bibel*, u.a. Joh. 3,36, Heb 9,27; 10,30+31, Off. 18

39 *Bibel*, u.a. Joh. 1,1-5+14, Joh. 5,18-23, Joh. 10,11 und 30-33, Joh. 12,44-46, Röm. 9,5, Phil. 2,6-7, Kol. 1,13-17, Kol. 2,9, Tit. 2,13, 1. Joh. 5,20, Math. 23,37, Math. 24,35

40 *Bibel*, u.a. Röm. 3,10-31, Math. 20,28, Joh. 3,16, Jes. 53

41 *Bibel*, Heb. 10,10

42 *Bibel*, Matt. 20,27-28

43 *Bibel*, Joh. 14,6

44 *Bibel*, Joh. 5,24

45 *Bibel*, Joh. 3,16

46 *Bibel*, Jes. 59,1-2

47 *Bibel*, Matt. 8,12; 22,13

48 *Bibel*, Matt. 18,8; 25,41

49 *Bibel*, Hes. 18,23+32

50 *Bibel*, Luk. 13, 23-30

51 *Bibel*, u.a. Röm. 8,35-39, 1. Joh. 5,13, Eph. 1,13+14, Phil. 1,6, Joh. 3,18

52 *Bibel*, u.a. Mich. 5,1, 1. Chr. 17,11-14, 5. Mose 18,18+19, Jes. 7,14; 9,5-7; 35,4-10; 40,3-5; 53, Sach. 9,9

53 *Bibel*, Luk. 9,23-25

54 *Bibel*, Joh. 11,25

55 *Bibel*, Joh. 8,12

56 *Bibel*, Joh. 10,9

57 *Bibel*, Luk. 24, Matt. 28, Mar. 16, Joh. 20+21

58 *Bibel*, 1. Kor. 15,17-19

59 *Bibel*, Joh. 10,10, Joh. 4,13-14